fig
5
4
7
7
N.° 120
PRM.
8

Fig. 4.
b
c
e
a
f
h
g
i

François Moureau est professeur à l'Université de Bourgogne (Dijon), où il enseigne la littérature des XVIIe et XVIIIe siècles. Historien du théâtre, il s'est orienté depuis une dizaine d'années vers l'étude des rapports entre beaux-arts et littérature, en particulier dans le domaine de l'histoire du livre. Ancien vice-président de la Société Diderot, il est l'un des responsables de la revue *Dix-Huitième Siècle.* Il a publié plus de cent cinquante articles et une quinzaine de livres.

Dépôt légal : novembre 1990
Numéro d'édition : 49127
ISBN : 2-07-053113-9
Imprimé en Italie

LE ROMAN VRAI DE L'ENCYCLOPÉDIE

François Moureau

DÉCOUVERTES GALLIMARD
LITTÉRATURE

La «Grande Encyclopédie» de Diderot et d'Alembert n'est pas née du néant au milieu du XVIIIe siècle. Elle est le produit de tout un mouvement intellectuel qui trouve sa source dans la Renaissance et peut-être même plus loin, dans les vastes compilations médiévales – les «cornucopiæ» – où la science antique était réduite en fragments alphabétiques.

CHAPITRE PREMIER

DES PRÉCURSEURS AUX ENTREPRENEURS

Les besoins professionnels, plus qu'une nécessité encyclopédique, habitent les ouvrages techniques qui se multiplient depuis le Moyen Age en Europe. L'Italie et surtout l'Allemagne dominent : médecine, chirurgie, arts mécaniques profitent de la dextérité des graveurs de Bâle ou d'Augsbourg.

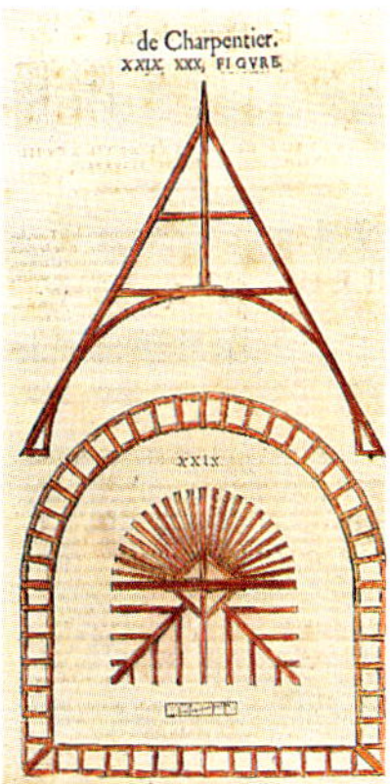

Le cartésianisme qui se fonde sur le doute raisonné et qui va donner sa source à la science moderne rend caducs ces dictionnaires de faits et surtout d'interprétation des faits reçus comme vrais parce que fournis par la «docte Antiquité». La querelle des Anciens et des Modernes, dans ses deux versions de la fin du XVIIe siècle et du début du siècle suivant, n'est pas seulement un débat littéraire ou politique – sur la supériorité du «siècle de Louis XIV» –; elle a un versant scientifique et philosophique où l'on ne s'étonne pas de voir apparaître l'esprit le plus subtil de son temps, le chef des Modernes, Fontenelle, de l'Académie française et secrétaire de l'Académie des sciences, poète, philosophe, mathématicien et véritable cerveau «encyclopédique». Il verra, presque centenaire, naître les premiers volumes de l'*Encyclopédie* auxquels, si l'on en croit son ami l'abbé Trublet, Diderot et d'Alembert l'invitèrent à participer. Avec son humour habituel, il leur donna non de la philosophie ou des sciences mais des fragments sur les poètes dramatiques grecs, qui irritèrent Diderot, le dramaturge du «genre sérieux». L'illustre vieillard lui signifiait-il ainsi, par une voie détournée, que l'entreprise encyclopédique nouvelle n'appartenait pas totalement à son monde intellectuel?

En effet, s'il a existé avant l'*Encyclopédie* des dictionnaires à vocation généraliste, des dictionnaires «des sciences et des arts», le projet de l'*Encyclopédie* ne paraît pas avoir eu de précédent réalisé. Les grands dictionnaires de langue du XVIIe siècle, comme les encyclopédies spécialisées, se bornent à décrire.

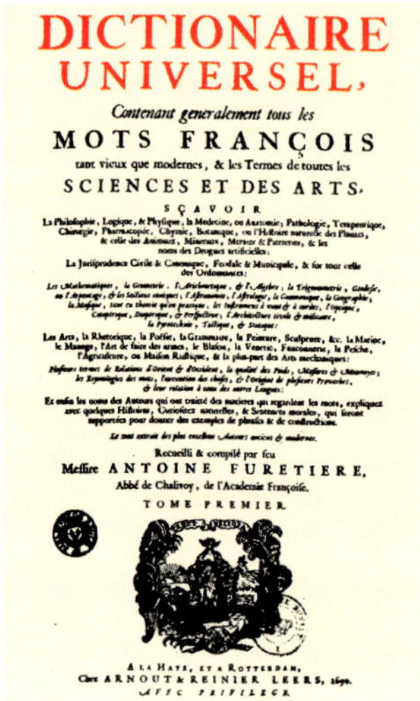
DICTIONAIRE UNIVERSEL,
Contenant generalement tous les
MOTS FRANÇOIS
tant vieux que modernes, & les Termes de toutes les
SCIENCES ET DES ARTS.
SÇAVOIR
La Philosophie, Logique, & Physique, la Medecine, ou Anatomie, Pathologie, Terapeutique, Chirurgie, Pharmacopée, Chymie, Botanique, ou l'Histoire naturelle des Plantes, & celle des Animaux, Mineraux, Metaux & Pierreries, & les noms des Drogues artificielles:
La Jurisprudence Civile & Canonique, Feodale & Municipale, & sur tout celle des Ordonnances:
Les Arts, la Rhetorique, la Poësie, la Grammaire, la Peinture, Sculpture, &c. la Marine, le Manege, l'Art de faire des armes, le Blason, la Venerie, Fauconnerie, la Pesche, l'Agriculture, ou Maison Rustique, & la plus-part des Arts mechaniques:
Et enfin les noms des Auteurs qui ont traité des matieres qui regardent les mots, expliquez avec quelques Histoires, Curiositez naturelles, & Sentences morales, qui seront rapportées pour donner des exemples de phrases & de constructions.
Recueilli & compilé par feu
Messire ANTOINE FURETIERE,
Abbé de Chalivoy, de l'Academie Françoise.
TOME PREMIER.
A LA HAYE, ET A ROTTERDAM,
Chez ARNOUT & REINIER LEERS, 1690.
AVEC PRIVILEGE.

Romancier réaliste dans un siècle qui oscille entre la caricature du burlesque et l'air raréfié des «nouvelles galantes», Furetière dérange. L'auteur du *Roman bourgeois* exerça sa curiosité sociale en rassemblant les mots qu'il entendait autant que ceux qu'il lisait. Son *Dictionnaire* fournit parfois la seule référence à un mot perdu ou dont le sens a changé.

Las d'attendre que l'Académie française publie son propre dictionnaire, Antoine Furetière devance ses confrères en donnant un «Dictionnaire universel»

Il contenait «généralement tous les mots français tant vieux que modernes et les termes de toutes les sciences et des arts» (1689). Ces deux gros volumes annonçaient sur leur titre soixante et un sujets divers.

Fontenelle fut sans doute l'esprit le plus singulier des deux siècles qu'il connut : mort presque centenaire en 1757, ce mathématicien écrivit des livrets d'opéra et cet auteur d'éloges académiques fut un homme aussi peu académique que possible par sa pensée insinuante, équivoque, superbement intelligente sous l'apparence de la conversation frivole et de l'ignorance socratique.

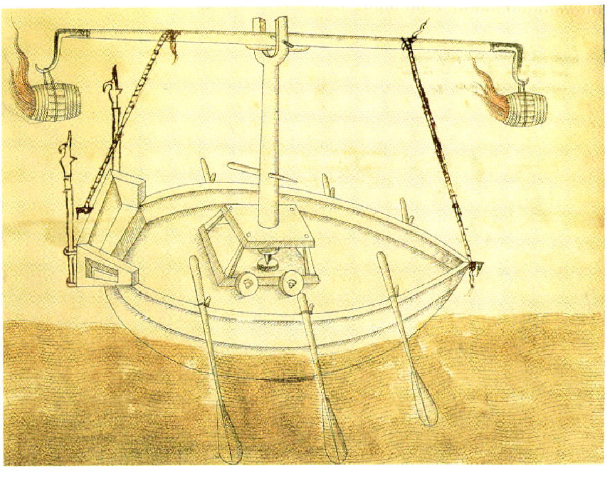

La qualité artistique des dessins destinés à illustrer la technologie n'était pas essentielle : défaut de perspective, maladresse générale. L'*Encyclopédie* fera passer cette illustration spécialisée du statut d'artisanat pratique à celui d'art mineur.

A
B
B
G
H
F
E
D
I
L
K
N
M
T
V
R
Q
X
S
P
Y

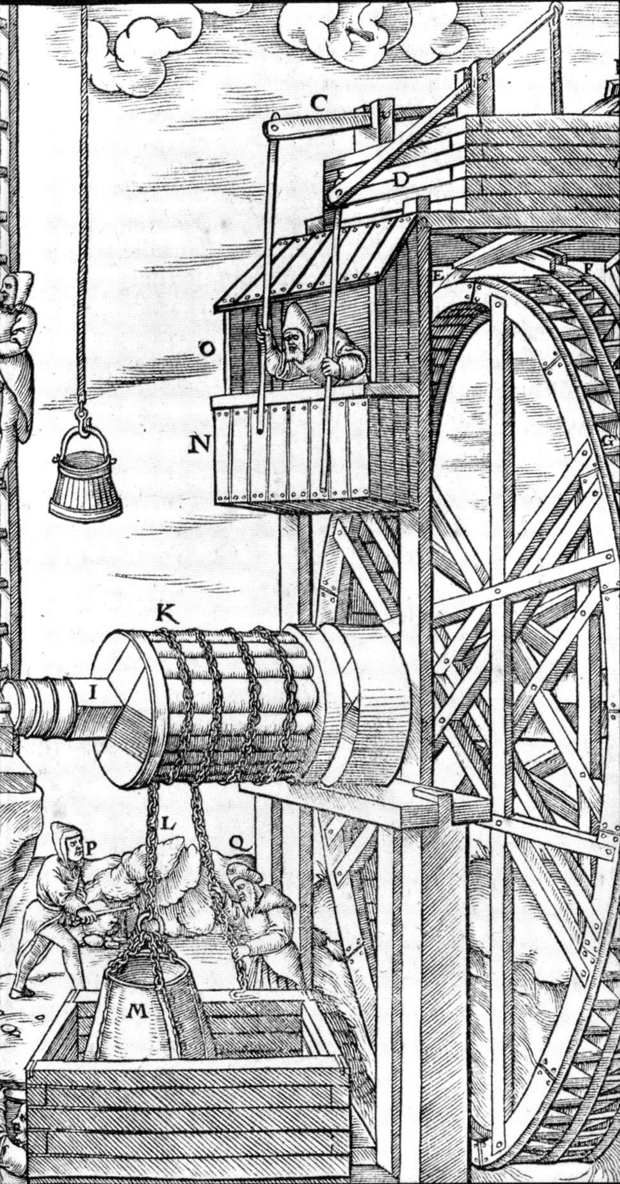

«De Re Metallica»

Dès le Moyen Age, l'Europe centrale avait su exploiter efficacement les sources de métaux. L'industrie métallurgique y montra pour la première fois en Occident sa capacité éminente à détruire les paysages et à changer l'homme. Il n'est pas étonnant que, d'origine allemande et traducteur, le baron d'Holbach devint dans l'*Encyclopédie* l'expert en minéralogie et en métallurgie. Les techniques d'exploitation minière n'avaient guère évolué depuis la Renaissance : Montesquieu en témoigne dans ses voyages. Ce monde souterrain, qui intéressait écrivains et poètes de la nuit et des sciences secrètes, était aussi l'univers des premiers esclaves de la civilisation industrielle. Les illustrations pour l'ouvrage d'Agrippa montrent en 1561 un travail parcellaire, répétitif, qui annonce les «temps modernes», et où l'individu joue le rôle d'un simple rouage dans une machine qui le domine.

B
A
C
D

Le métal bienfaisant

La pharmacopée médiévale utilisait les métaux dont elle pensait l'action essentielle sur le corps humain et ses «humeurs». Le médecin allemand Georges Bauer (1494-1555), plus connu sous son nom latinisé d'Agricola, visita les mines de sa patrie pour en approfondir les mystères. Outre un livre sur «les sources et les causes des souterrains», il écrivit ce qui reste son ouvrage le plus célèbre, le *De Re Metallica*, publié à Bâle en 1561. On y trouve le fruit de ses enquêtes sur le terrain, illustré par des gravures sur bois qui faisaient une habile synthèse du monde de la mine et de l'art métallurgique allemand. L'essentiel s'y trouvait : le *De Re Metallica* resta la bible des géologues jusqu'au siècle des Lumières.

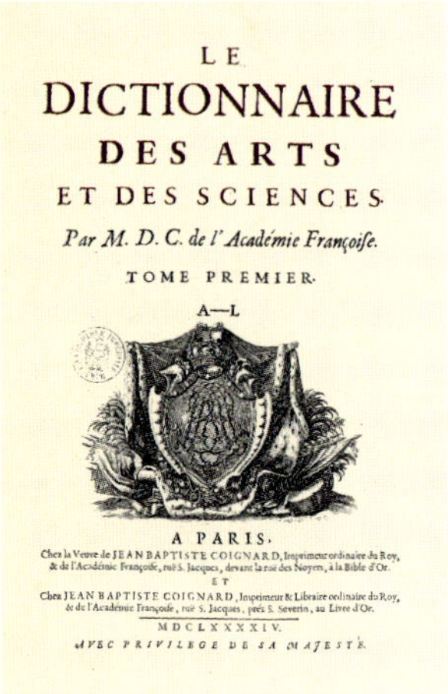
LE
DICTIONNAIRE
DES ARTS
ET DES SCIENCES.
Par M. D. C. de l'Académie Françoise.
TOME PREMIER.
A—L
A PARIS,
Chez la Veuve de JEAN BAPTISTE COIGNARD, Imprimeur ordinaire du Roy, & de l'Académie Françoise, ruë S. Jacques, devant la ruë des Noyers, à la Bible d'Or.
ET
Chez JEAN BAPTISTE COIGNARD, Imprimeur & Libraire ordinaire du Roy, & de l'Académie Françoise, ruë S. Jacques, près S. Severin, au Livre d'Or.
MDCLXXXXIV.
AVEC PRIVILEGE DE SA MAJESTÉ.

Ceux-ci allaient de la «philosophie» aux «sentences morales», en passant par la chirurgie, la chimie, la botanique, etc.; deux cent cinquante activités ou professions y étaient décrites en détail et quarante mille mots s'y trouvaient définis, formant ainsi ce qu'il nommait lui-même l'«encyclopédie de la langue française». Avant Hugo, Furetière avait mis «un bonnet rouge au dictionnaire» en recueillant les vocables populaires, les termes de métier que le *Dictionnaire de l'Académie,* publié seulement cinq ans plus tard, élimina comme indignes de la plume de l'honnête homme. Mais le *Dictionnaire* de Furetière, qui insiste sur le vocabulaire professionnel et spécialisé, ne fait aucune description précise des techniques et se limite à être un répertoire de termes sans les relier entre eux.

En 1694, le «Dictionnaire des arts et des sciences» de Thomas Corneille est la première encyclopédie technique d'un bon niveau

L'ouvrage parut un mois après le *Dictionnaire de l'Académie* dont il était le complément spécialisé officiel. Si l'information scientifique est vieillie en médecine et en sciences physiques particulièrement, mais surtout dans les domaines chauds qui concernent les lois des corps célestes – rien sur Newton, Copernic est traité avec méfiance –, les articles concernant l'histoire naturelle sont importants

Création de l'Etat monarchique en voie d'absolutisme, l'Académie française a plusieurs fonctions. L'une des plus éminentes est de fixer la langue par un dictionnaire et une grammaire. C'est pourquoi, plus que de simples écrivains, elle réunit les représentants des grandes castes sociales : administration (Perrault, l'auteur des *Contes),* aristocratie d'élite (le clan des ducs) et haut clergé (le clan des évêques). Les élections sont ratifiées par le roi.

et d'une grande précision. En cela réside l'intérêt majeur de cette compilation prudente faite sous les yeux de la censure royale et des autorités académiques. On y trouve peu d'articles d'histoire et de géographie, réservés traditionnellement aux dictionnaires «historiques», ce qui prouve encore une fois la séparation du savoir selon des critères classiques d'excellence : la connaissance technique étant déclassée par rapport à la pensée spéculative, comme les métiers manuels, «mécaniques», sont réputés inférieurs à ceux où s'exerce la seule activité de l'esprit. Dans sa réédition, Fontenelle revit les articles scientifiques et techniques, en laissant subsister, malgré des ambiguïtés de style dans lesquelles il était passé maître, la vulgate de la science officielle reçue dans le royaume de France. Cette difficulté à publier les résultats récents de la science, et plus généralement de la connaissance, préfigure déjà l'un des problèmes majeurs auxquels se heurteront les responsables de l'*Encyclopédie* : comment

La colonisation française amena planteurs et missionnaires. Dès 1688, le père Plumier s'intéresse au coton, plante d'avenir…

publier en France, pays de censure préalable du livre, un dictionnaire qui réforme ou conteste radicalement certains des aspects les plus nécessaires à un gouvernement chrétien et monarchique, doté d'institutions, académiques ou universitaires par exemple, qui scrutent les nouveautés et condamnent les plus dangereuses au repos de l'Etat.

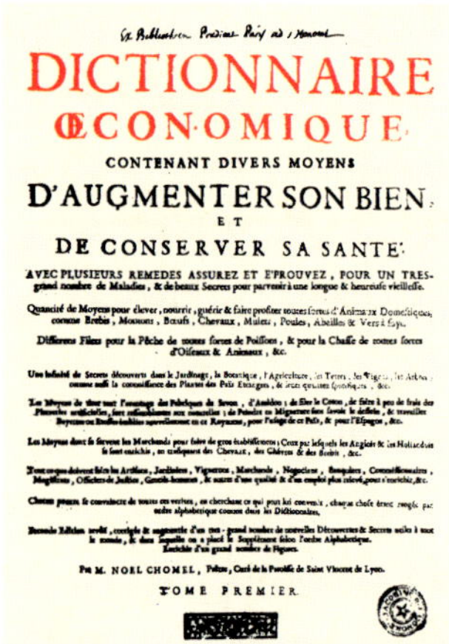

DICTIONNAIRE
ŒCONOMIQUE
CONTENANT DIVERS MOYENS
D'AUGMENTER SON BIEN,
ET
DE CONSERVER SA SANTÉ:
AVEC PLUSIEURS REMEDES ASSUREZ ET ÉPROUVEZ, POUR UN TRES-grand nombre de Maladies, & de beaux Secrets pour parvenir à une longue & heureuse vieillesse.
Quantité de Moyens pour élever, nourrir, guérir & faire profiter toutes sortes d'Animaux Domestiques, comme Brebis, Moutons, Bœufs, Chevaux, Mulets, Poules, Abeilles & Vers à soye.
Differens Filets pour la Pêche de toutes sortes de Poissons, & pour la Chasse de toutes sortes d'Oiseaux & Animaux, &c.
Une infinité de Secrets découverts dans le Jardinage, la Botanique, l'Agriculture, les Terres, les Vignes, les Arbres; comme aussi la connoissance des Plantes des Païs Etrangers, & leurs qualitez specifiques, &c.
Les Moyens de tirer tout l'avantage des Fabriques de Savon, d'Amidon; de filer le Coton, de faire à peu de frais des Fleurs artificielles, fort ressemblantes aux naturelles; de Peindre en Mignature sans sçavoir le dessein, & travailler [illegible] en ce Royaume, pour l'usage de ce Païs, & pour l'Espagne, &c.
Les Moyens dont se servent les Marchands pour faire de gros établissemens; Ceux par lesquels les Anglois & les Hollandois se sont enrichis, en trafiquant des Chevaux, des Chévres & des Brebis, &c.
Tout ce que doivent faire les Artisans, Jardiniers, Vignerons, Marchands, Negocians, Banquiers, Commissionnaires, Magistrats, Officiers de Justice, Gentils-hommes, & autres d'une qualité & d'un emploi plus relevé, pour s'enrichir, &c.
Chacun pourra se convaincre de toutes ces veritez, en cherchant ce qui peut lui convenir, chaque chose étant rangée par ordre alphabetique comme dans les Dictionnaires.
Seconde Edition revûë, corrigée & augmentée d'un tres-grand nombre de nouvelles Découvertes & Secrets utiles à tout le monde, & dans laquelle on a placé le Supplément selon l'ordre Alphabetique.
Enrichie d'un grand nombre de Figures.
Par M. NOEL CHOMEL, Prêtre, Curé de la Paroisse de Saint Vincent de Lyon.
TOME PREMIER.
A PARIS.

A la fin du XVIIe siècle, on publie des encyclopédies pratiques à caractère simplement technique

La réflexion intervient le moins possible dans l'exposé des faits; que ce soit Jacques Savary avec la science du «négociant» ou Noël Chomel, auteur d'un *Dictionnaire*

économique souvent réédité qui fournit avec les illustrations afférentes «divers moyens d'augmenter son bien et de conserver sa santé» où la pêche, la chasse, l'élevage et les remèdes de bonne femme permettent à tout un chacun de vivre en autarcie, ces ouvrages qui se présentent dans le format in-folio des dictionnaires fourmillent d'informations qui ne seront pas inutiles aux rédacteurs de l'*Encyclopédie*; mais l'on est près encore des compilations médiévales et du *Wunderbuch* allemand, modèle du genre. Dans ce volumineux in-quarto divisé en vingt sections illustrées par les meilleurs graveurs d'une ville réputée depuis le Moyen Age pour l'art de la ciselure, on apprenait comment faire de la bière, se soigner, réussir des plats délectables. Rien de ce qui pouvait rendre agréable la vie terrestre n'était oublié.

Les gravures sur bois, de facture populaire, qui illustrent le *Dictionnaire économique* de Chomel, «curé de paroisse» et donc homme de terrain, correspondent à la philosophie profonde de l'ouvrage, qui devra être utile à la vie de tous les jours. Destiné en priorité aux habitants des campagnes, il fournit une réponse rapide à tous leurs problèmes.

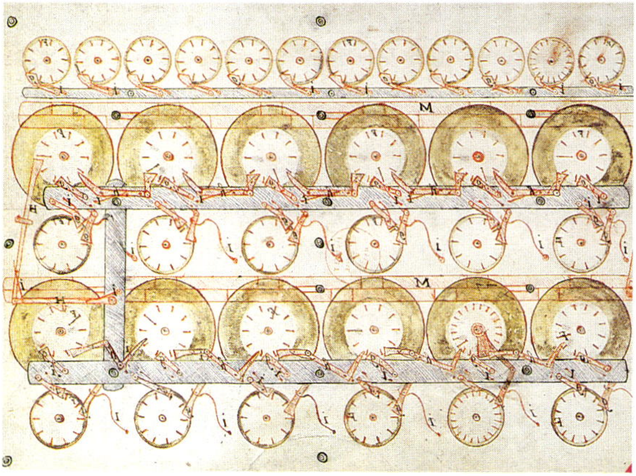

Une pratique courante de la recherche scientifique sous l'Ancien Régime consistait à soumettre à l'Académie des sciences des mémoires sur des inventions, des problèmes de mathématique ou de physique. Cette machine à calculer, fille spirituelle de celle de Pascal, fut présentée en 1725.

Ces œuvres sans ambition fourniront cependant le terreau sur lequel va se développer au siècle des Lumières la science agronomique et technique, la physiocratie, le sens du réel opposé aux spéculations métaphysiques, qui caractérise les sociétés académiques provinciales du milieu du siècle. Dans chacune de nos régions, parfois aidées par le pouvoir central et les intendants, se créent des académies (trente-trois en 1789) qui remplacent les études d'antiquaires, d'histoire régionale ou d'érudition pure, par des exposés de technologie, de climatologie, de science expérimentale. L'homme de science devient citoyen. L'*Encyclopédie* se coule dans ce moule; elle trouvera dans les élites locales des lecteurs enthousiastes.

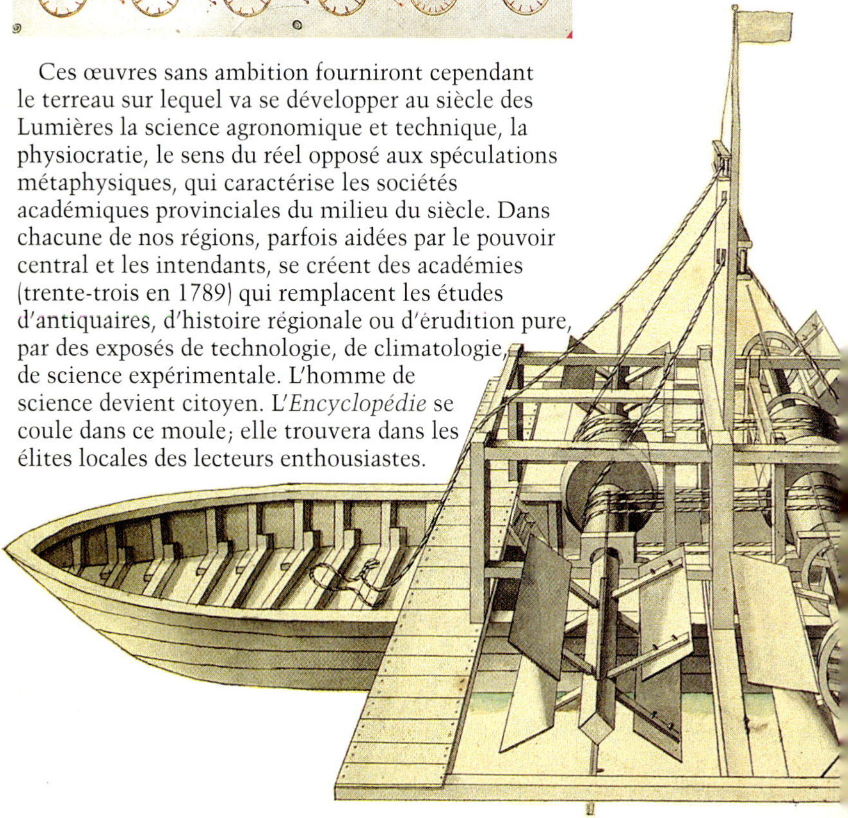

Fondé en 1626, destiné à conserver et à développer *in vivo* «toute sorte d'herbes médicinales pour servir ceux qui en auraient besoin, même pour l'instruction des écoliers de l'Université de médecine», le Jardin du Roi connut un grand développement sous le règne de Louis XIV et fut le laboratoire principal de la botanique française. Tournefort y créa des serres pour les plantes exotiques. Au siècle suivant, Buffon en fut le roi : il y mourut.

A Paris, les académies et le Jardin du Roi publient des mémoires et de vastes inventaires d'histoire naturelle

Mémoires et inventaires sont confiés à Buffon, à Daubenton, à Réaumur, lequel appose son visa sur les *Machines et inventions approuvées par l'Académie.* Ils préparent aussi des *Descriptions des arts et des métiers* illustrées dont les planches serviront à l'entreprise encyclopédique. Ce travail de fourmi, favorisé par un pouvoir politique qui dans la tradition louis-quatorzienne pense que les arts libéraux ou mécaniques et la description raisonnée de la nature servent la grandeur du prince, assure le développement des sciences

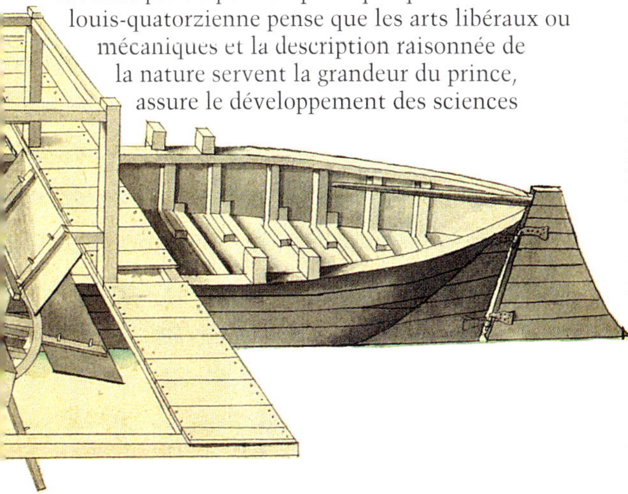

Cette «machine pour remonter les bateaux contre les courants» préfigure les navires à aubes du XIXe siècle et rappelle sur le mode mineur l'imagination technique de Léonard de Vinci. Elle fut présentée à l'approbation de l'Académie des sciences par le futur maréchal de Saxe. Réaumur l'inséra dans le *Recueil des dessins approuvés.*

d'observation et de synthèse qui, pour être publiées par l'Imprimerie royale comme l'*Histoire naturelle* de Buffon, n'en sont pas moins un ferment idéologique dont la fin du siècle fera son profit.

Ces académiciens de Paris, comme leurs confrères de province, se retrouvent en grand nombre parmi les rédacteurs de l'*Encyclopédie* : ils sont à la fois les garants scientifiques du dictionnaire et les voix autorisées de la modernité dans une société d'ordre où le statut social légitime le discours qu'on tient des connaissances spécialisées. Ces savants, peu habitués à paraître au grand jour de l'actualité, voient dans l'*Encyclopédie*, parfois avec inquiétude, une caisse de résonance inattendue à des idées jusque-là confinées

Etroitement contrôlées par le pouvoir, par Richelieu, puis par Colbert, les académies se ramifièrent sous Louis XIV, de même que les grands établissements scientifiques. Les visites royales donnaient lieu à une campagne de gravures dont Sébastien Leclerc fut l'artisan le plus doué. On voit ci-contre l'inspection du monarque dans les salles d'instruments du Jardin du Roi. Dans cet apparent bric-à-brac, la présence centrale de Louis XIV, à qui Colbert présente les objets, propose un ordre symbolique qui n'est pas là par hasard.

Installée par Richelieu en 1640 au rez-de-chaussée du palais du Louvre, l'Imprimerie royale fournissait des livres officiels à la gloire de la monarchie, mais aussi des ouvrages de bibliophilie, comme une série de grands classiques latins ou grecs, magnifiquement réalisés et illustrés. Nicolas Poussin donna le frontispice des *Opera* d'Horace.

dans les confidentielles séries académiques. Si quelques gens du monde, recrutés dans les salons parisiens que Diderot fréquente, forment un petit groupe bigarré de collaborateurs, ce sont les têtes solides et académiques qui composent les bataillons les mieux fournis de l'armée encyclopédique.

L'idée d'une «encyclopédie» semble être née dans les milieux intellectuels du début du XVIIIe siècle

Leibniz, qui écrit et philosophe en français, la déclare nécessaire et on en voit surgir l'ardente obligation dans les cercles de la franc-maçonnerie naissante, sans qu'il soit clair que cela ait eu une influence directe sur la «Grande Encyclopédie». En 1737, le chevalier Ramsay, cet intermédiaire culturel entre la France et la Grande-Bretagne qui fut l'introducteur de la maçonnerie britannique dans le royaume, affirme que la tâche première des responsables maçonniques est de réaliser un «Dictionnaire universel de tous les arts libéraux et de toutes les sciences utiles».

Largement inspiré des planches de Sébastien Leclerc, le frontispice de la *Cyclopædia* de Chambers montre la filiation entre les entreprises de la monarchie française et ses émules étrangers. A la différence du modèle français, c'est la république des savants qui donne son sens à ce chaos.

Devant la Grande Loge, le duc d'Antin, Grand Maître, revint trois ans plus tard sur la même question dans un «Discours sur l'*Encyclopédie*». Mais dès 1726, une mystérieuse Société des arts, qui n'avait rien de maçonnique, avait évoqué un projet similaire. L'air du temps, de fait, était à ces enquêtes.

Depuis près d'un siècle, la France, en grande majorité catholique, vivait avec une minorité protestante, surtout localisée dans le Sud et l'Est. Les luthériens d'Alsace furent protégés par un statut particulier. Les calvinistes, qui, s'ils avaient été remuants sous Louis XIII, avaient néanmoins servi l'Etat autant et mieux que d'autres, durent après l'édit de Fontainebleau se convertir ou s'exiler.

C'est de l'étranger, et d'abord du refuge huguenot, que vont venir les dictionnaires les plus originaux et les plus audacieux

Quand, en 1685, Louis XIV révoque l'édit de Nantes, les huguenots français partent en masse pour la Hollande, l'Angleterre, la Prusse et généralement pour les pays protestants. Ils vont y constituer par leur savoir et leur savoir-faire des pôles intellectuels et techniques de premier ordre. Bien qu'il vît dans le «siècle de Louis XIV» un moment insurpassable de perfection, Voltaire a évoqué, entre autres textes dans *L'Ingénu,* cette erreur cardinale du roi de France qui avait fourni à ses ennemis européens des bras et surtout des cerveaux dont le talent allait faire cruellement défaut à la France. Nous retrouvons les huguenots au moment où les directeurs de l'*Encyclopédie* cherchent des collaborateurs de qualité. Dès le milieu du XVIe siècle cependant, par vagues successives ou par décision individuelle, les huguenots français avaient choisi de vivre leur religion et d'assurer la liberté de leur conscience ailleurs que dans le royaume de France. La liberté d'imprimer ou une moindre censure favorisait aussi la multiplication d'ouvrages qui n'auraient pu voir le jour dans leur patrie d'origine.

Certains pêchent encore par une érudition à l'ancienne. Etienne Chauvin, réfugié à Berlin et membre de son Académie récente, publie en latin un magnifique *Lexicon rationale sive thesaurus philosophicus* (1692), synthèse de toute la science cartésienne; il n'aura pas plus de succès, malgré une réédition augmentée en 1713, que Johann Heinrich Alsted, dont on imprima posthume en 1640 une *Encyclopœdia* latine de même type. Les ouvrages en français visaient un public moins lié à la république des lettres érudites. Ce sera bientôt l'ambition des encyclopédistes : donner une information complète, récente et critique dans une langue moderne d'extension internationale comme l'est le français pour l'Europe des Lumières.

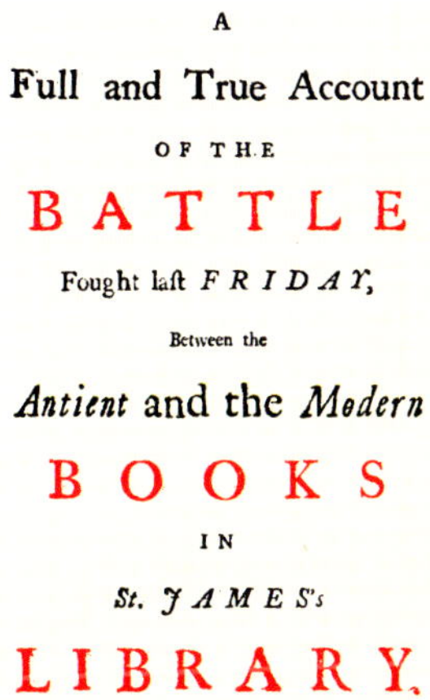
A

Full and True Account

OF THE

BATTLE

Fought last *FRIDAY*,

Between the

Antient and the *Modern*

BOOKS

IN

St. JAMES's

LIBRARY.

L'apport huguenot aux Lumières ne fut pas négligeable, de même que les querelles littéraires autour des Anciens et des Modernes, première manifestation de l'idée de progrès dans les arts et les sciences.

Les huguenots d'origine française restèrent fidèles à leur culture. Les sermons se faisaient en français dans leurs temples; et cette langue étant de plus en plus celle de la classe dominante, la littérature et l'art français y ont beaucoup gagné en diffusion. Le mythe de l'«Europe française des Lumières» trouve une certaine part de vérité grâce à ces orphelins d'une patrie qu'ils continuèrent à chérir dans ce qu'elle avait de meilleur.

Dans l'ordre d'une «encyclopédie» véritablement «critique», le précurseur est Pierre Bayle, huguenot exilé en Hollande

Pierre Bayle était une encyclopédie à lui tout seul, l'un des derniers représentants de cet humanisme qui avait si bien su combiner Réforme religieuse et réflexion savante. Par certains aspects, dont un goût de l'érudition porté à ses limites en un siècle moins respectueux déjà de la glose que de la preuve, cet infatigable pourchasseur d'erreurs, ce fidéiste à la religion évanescente mais aux convictions solides donne avec son *Dictionnaire historique et critique* (1696, deuxième édition augmentée : 1701) le modèle des grandes compilations des Lumières naissantes. «Critique», l'ouvrage l'est même dans des articles d'apparence anodine.

Une idée fixe hante Bayle : montrer le mensonge de la tradition historique et déceler dans les textes transmis par le passé le ver diabolique de la superstition. Bien qu'il s'agisse en apparence d'une suite du *Grand dictionnaire historique* de Louis Moréri, constamment réédité depuis 1674 (1 vol.) jusqu'en 1759 (10 vol.), Bayle se préoccupe fort peu d'arts ou de lettres – l'article Molière traite, par exemple, de l'excommunication des comédiens – et pas du tout de sciences. La seule science qui l'intéresse est celle de l'histoire. Brefs ou copieux, ses articles sont bâtis sur le même modèle : un exposé des faits suivi d'un commentaire et de notes sous le texte – les «remarques» – composées en petits caractères et qui sont en fait l'essentiel de son propos. Son système de renvois peut réserver des surprises : on trouve à l'occasion dans un article au titre anodin les réflexions les plus corrosives, annoncées ailleurs par un simple renvoi à cette «entrée». C'est là qu'au

Pierre Bayle (1647-1706), qui avait quitté la France pour faits de religion, n'est pas de ces huguenots classiques que l'on rencontre sur toutes les routes de l'Europe. Il part avant la Révocation de 1685, à la suite d'une conversion arrachée par les jésuites et aussitôt démentie; il se fixe à Rotterdam. Il invente le journalisme polémique d'érudition avec les *Nouvelles de la République des Lettres* (1684), correspond avec toute l'Europe savante. Il mit son érudition dans son *Dictionnaire*, et mourut «tout habillé, et pour ainsi dire, la plume à la main».

DICTIONAIRE HISTORIQUE ET CRITIQUE:

Par Monsieur BAYLE.

TOME PREMIER,

PREMIERE PARTIE.

A—B.

A ROTTERDAM,
Chez REINIER LEERS,
MDCXCVII.
AVEC PRIVILEGE.

Le style anglais et sa variante anglo-chinoise s'emparèrent dans la seconde moitié du XVIIIe siècle des jardins français si sobrement symétriques et rationnels. La mode fut au touffu, au naturel artificieusement créé. Le jardin à l'anglaise était philosophique; le jardin à la française passait pour le témoignage d'un absolutisme suranné imposé à la nature. Rousseau, qui fut enterré à Ermenonville dans un jardin de philosophe à l'anglaise, avait beaucoup contribué à naturaliser idéologiquement cette création d'outre-Manche.

milieu d'une érudition qui ne laisse rien au hasard, Bayle, parfois ironique et toujours incisif, renverse les certitudes les mieux installées. Il y a déjà du Voltaire dans ce style. L'article Japon passe rapidement sur la situation géographique de l'archipel nippon et développe avec délectation la singularité de ses religions qui n'ont rien à envier au christianisme en matière de superstitions absurdes et d'hypocrisie sociale. David ne sort pas non plus indemne de la mise à plat de son existence historique; le roi d'Israël, favorisé de Dieu, n'en est pas à un crime près. «On croit ordinairement que son adultère avec Bethsabée, le meurtre d'Urie, le dénombrement du peuple sont les seules fautes qu'on lui puisse reprocher : c'est un grand abus, il y a bien d'autres choses à reprendre en sa vie», note un Bayle plein d'humour jubilatoire. Son style allusif sera pour les encyclopédistes la référence obligée et le modèle inaccessible.

Dans la décennie qui précède 1750, il n'est bon bec que de... Londres

La guerre de Sept Ans puis celle d'Amérique, en nous rappelant qu'Albion était aussi notre ennemie héréditaire, ralentissent le mouvement sans l'arrêter. En politique comme dans le «confort» – mot anglais – des intérieurs, l'Angleterre régnait parmi les esprits éclairés. Les jardins à la française trop bien peignés cédaient la place au «naturel» du jardin anglais ou

anglo-chinois. Les libraires avaient senti le vent. Les ouvrages anglais traduits envahissent le marché parisien du livre; l'abbé Prévost avait préparé la voie dans son *Pour et contre* en faisant la publicité de tout ce qui était britannique. Les libraires recrutaient des traducteurs de l'anglais parmi la bohème littéraire qui savait malheureusement plus souvent le latin et le grec que les langues modernes. L'un de ces puissants éditeurs parisiens, issu d'une famille de libraires lyonnais installée dans la capitale, cherchait un jeune homme de ce type pour traduire en français l'*Histoire de Grèce* de Temple Stanyan. Les trois volumes parurent en 1743. Le traducteur était un certain Denis Diderot dont c'était la première production. Deux ans après, il traduisait les *Principes de philosophie* de lord Shaftesbury et Briasson lui confiait le soin d'un ouvrage technique qui avait eu grand succès outre-Manche, le *Dictionnaire universel de médecine, de chirurgie, de chimie, d'histoire naturelle, etc.* «traduit de l'anglais de M. James par MM. Diderot, Eidous et Toussaint». Diderot entrait dans la catégorie recherchée des traducteurs au long cours.

Londres est au XVIIIe siècle la ville la plus peuplée d'Occident, un formidable entrepôt pour les marchandises que les navires britanniques rapportent de toutes les contrées du monde. L'Angleterre sortit victorieuse des guerres menées contre Louis XIV; dès la Régence, la diplomatie française rechercha son alliance. Cette nation, peu peuplée en dehors de sa capitale, domine le commerce international. Voltaire y voit dans ses *Lettres philosophiques* (1734) le modèle d'une contrée moderne, où règnent libre entreprise et tolérance (sauf à l'égard des catholiques).

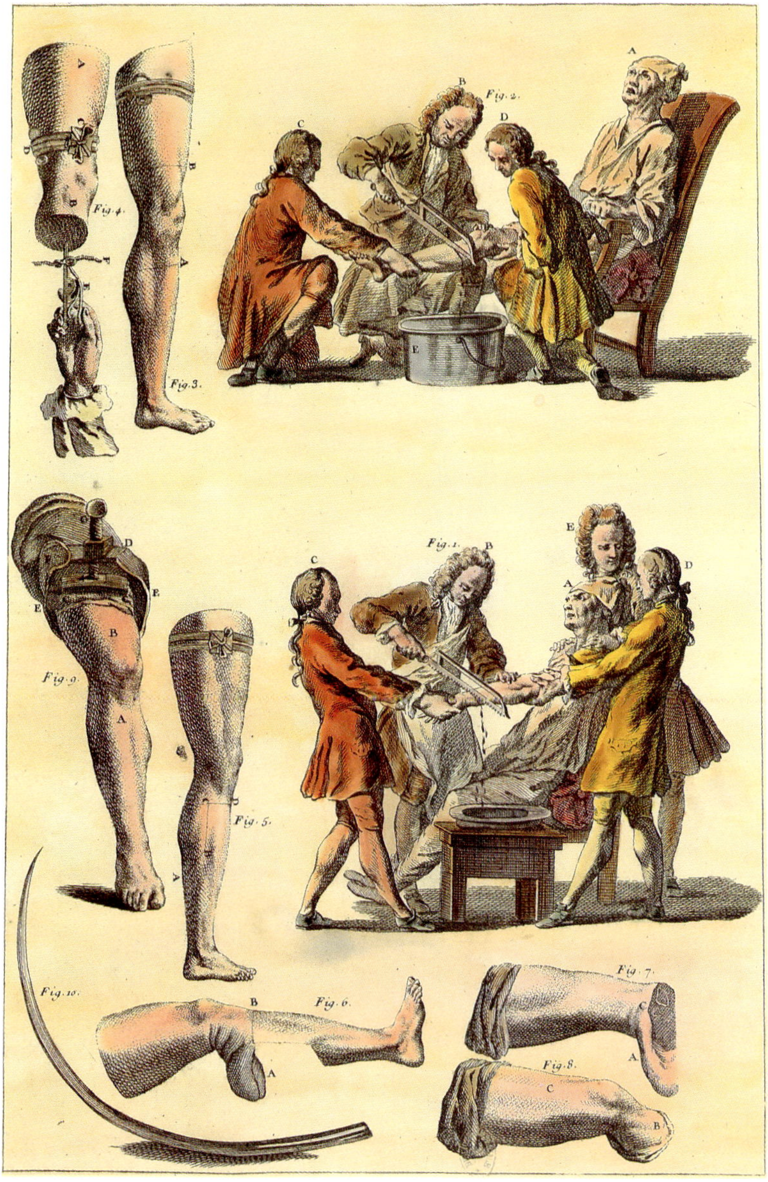
Fig. 1.
Fig. 2.
Fig. 3.
Fig. 4.
Fig. 5.
Fig. 6.
Fig. 7.
Fig. 8.
Fig. 9.
Fig. 10.

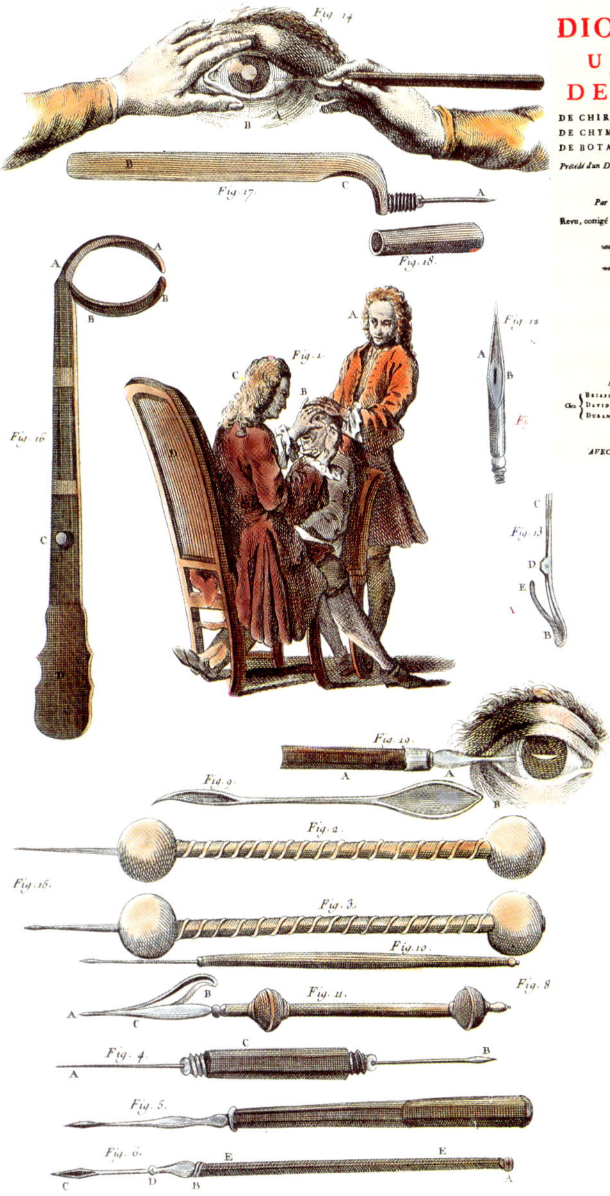

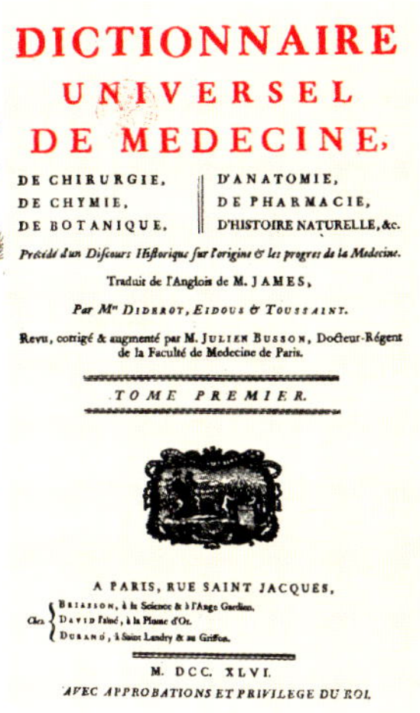
DICTIONNAIRE
UNIVERSEL
DE MEDECINE,

DE CHIRURGIE, | D'ANATOMIE,
DE CHYMIE, | DE PHARMACIE,
DE BOTANIQUE, | D'HISTOIRE NATURELLE, &c.

Précédé d'un Discours Historique sur l'origine & les progrès de la Médecine.

Traduit de l'Anglois de M. JAMES,

Par Mrs DIDEROT, EIDOUS & TOUSSAINT.

Revu, corrigé & augmenté par M. JULIEN BUSSON, Docteur-Régent de la Faculté de Medecine de Paris.

TOME PREMIER.

A PARIS, RUE SAINT JACQUES,
Chez { BRIASSON, à la Science & à l'Ange Gardien,
DAVID l'aîné, à la Plume d'Or,
DURAND, à Saint Landry & au Griffon.

M. DCC. XLVI.
AVEC APPROBATIONS ET PRIVILEGE DU ROI.

Publié pour la première fois à Londres en trois volumes in-folio, *A Medicinal Dictionary* de Robert James venait de paraître (1743-1745) quand Diderot reçut commande de sa traduction. L'ouvrage tentait une mise en liaison encore primitive des diverses sciences et techniques médicales : anatomie, chirurgie certes, mais aussi chimie, botanique et pharmacopée. Il était illustré de soixante et une planches techniques représentant des instruments chirurgicaux et des opérations. Le travail de correction fut effectué par Diderot avec l'aide de deux amis, eux-mêmes assez besogneux, Eidous et Toussaint.

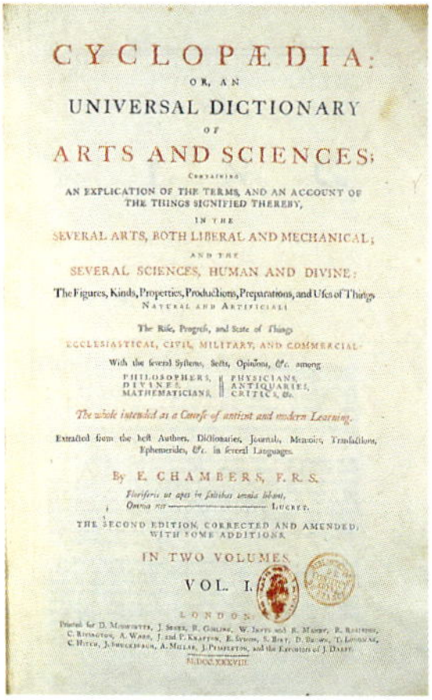

CYCLOPÆDIA:
OR, AN
UNIVERSAL DICTIONARY
OF
ARTS AND SCIENCES;
CONTAINING
AN EXPLICATION OF THE TERMS, AND AN ACCOUNT OF THE THINGS SIGNIFIED THEREBY,
IN THE
SEVERAL ARTS, BOTH LIBERAL AND MECHANICAL;
AND THE
SEVERAL SCIENCES, HUMAN AND DIVINE:
The Figures, Kinds, Properties, Productions, Preparations, and Uses of Things
NATURAL AND ARTIFICIAL:
The Rise, Progress, and State of Things
ECCLESIASTICAL, CIVIL, MILITARY, AND COMMERCIAL:
With the several Systems, Sects, Opinions, &c. among
PHILOSOPHERS, DIVINES, MATHEMATICIANS, | PHYSICIANS, ANTIQUARIES, CRITICS, &c.
The whole intended as a Course of antient and modern Learning.
Extracted from the best Authors, Dictionaries, Journals, Memoirs, Translations, Ephemerides, &c. in several Languages.
By E. CHAMBERS, F.R.S.
Floriferis ut apes in saltibus omnia libant,
Omnia nos ——— LUCRET.
THE SECOND EDITION, CORRECTED AND AMENDED; WITH SOME ADDITIONS.
IN TWO VOLUMES.
VOL. I.
LONDON:
M.DCC.XXXVIII.

Pour le lecteur de l'époque de Louis XV, le livre a une fonction d'identification sociale

Après une longue décadence qui avait coïncidé avec la fin du règne de Louis XIV, l'édition parisienne, qui publiait au siècle précédent d'importantes séries d'ouvrages religieux ou juridiques, les «livres d'usage», dont la vente était protégée par les privilèges exclusifs de la Communauté des libraires, avait renoué avec les collections monumentales en grand format. Les publications des pères de l'Eglise par les bénédictins de Saint-Maur, les recueils académiques et les compilations thématiques en formats divers (voyages, histoire naturelle, etc.) bénéficiaient de surcroît de la «bibliothécomanie» où l'on reconnaissait maintenant, outre les catégories traditionnellement «bibliomanes» tels les gens de robe ou le clergé régulier, le nouveau riche et la noblesse d'épée pour qui le livre était, après une longue bouderie, un signe social valorisant. On lisait, on le montrait, on le faisait savoir. Il y avait aussi de simples lecteurs chez qui les Lumières passaient en priorité par l'imprimé.

L'édition parisienne rêve de vastes entreprises spéculatives dont le livre serait le prétexte honorable

Vraisemblablement afin de réduire les frais de rédaction et de bénéficier du snobisme régnant en faveur de tout ce qui était anglais, les libraires tournèrent les yeux vers un dictionnaire paru à Londres en 1728, dont les deux volumes avaient été diffusés par une association de dix-neuf des meilleurs libraires de la capitale anglaise. Ces parrains annonçaient une grande spéculation éditoriale.

A part les grandes bibliothèques ecclésiastiques, seules quelques collections privées (de Thou, frères Dupuy) pouvaient rivaliser avec celle du roi. Les financiers et les grands seigneurs se piquent d'avoir une bibliothèque d'apparat, où la rareté des livres s'accorde avec un décor somptueux (boiseries sculptées de Bonnier de la Mosson conservées au Muséum).

La *Cyclopœdia or an Universal Dictionary of Arts and Sciences* de Ephraïm Chambers était le fruit de nombreuses années de travail fournies par ce fils de fermiers presbytériens devenu auteur famélique dans la Londres éditoriale; il traduisait aussi du français. Homme de fichiers doué d'une plume rapide de journaliste, il mena seul à bien cette tâche considérable dont le produit fut lancé par la presse britannique et par les libraires d'une manière moderne : publication de

listes de souscripteurs éminents, battage publicitaire et dédicace flamboyante au roi George II. Chambers en tira quelques honneurs comme une place à la Royal Society et un tombeau à Westminster parmi les gloires de la nation britannique. Diderot, qu'aucune académie parisienne ne reçut et qui, à l'inverse de Voltaire ou de Rousseau, ne repose pas au Panthéon, fut privé de ces privilèges.

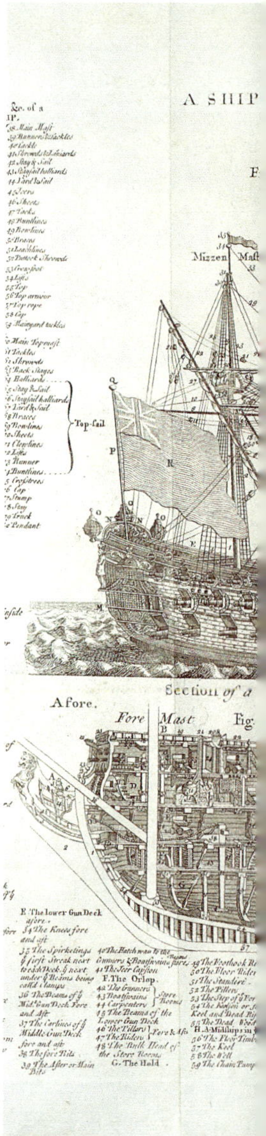

La «Cyclopœdia» de Chambers est un travail herculéen techniquement presque parfait

Son style descriptif témoigne de lectures immenses allant de l'Antiquité aux productions les plus modernes. Un système précis d'échos permet à ces deux volumes, peu illustrés malheureusement, de considérer la totalité des connaissances humaines, quarante-sept disciplines au total selon la préface, de la philosophie la plus abstraite à la technologie la mieux observée. Idéologiquement, le rédacteur laisse transparaître des positions réformées, souvent proches du déisme, mais d'une grande ouverture d'esprit à l'égard du catholicisme, et il ne se prive pas de critiquer les gens de son parti. La science newtonienne irrigue son ouvrage, bien qu'il sache emprunter à Descartes ce qui peut se combiner aux théories du savant anglais. Par rapport à ses prédécesseurs, le *Lexicon technicum* (1704) de John Harris ou le *New General English Dictionary* (1735) de Thomas Dyche – publication à l'égard de laquelle Diderot reconnaîtra sa dette dans le *Prospectus* de l'*Encyclopédie* –, l'ouvrage de Chambers se recommande par la volonté de créer des connexions logiques entre les sciences, un arbre des connaissances déjà inspiré de Bacon et que nous retrouvons dans le projet initial de l'*Encyclopédie* française.

Dès 1740, des libraires parisiens ont l'idée de faire traduire le Chambers et de lui adjoindre des suppléments

Le 25 février 1745, le libraire André-François Le Breton obtenait un privilège royal de vingt ans pour cette entreprise qu'un *Prospectus* annonça sous l'enseigne de l'*Encyclopédie ou dictionnaire universel des arts*

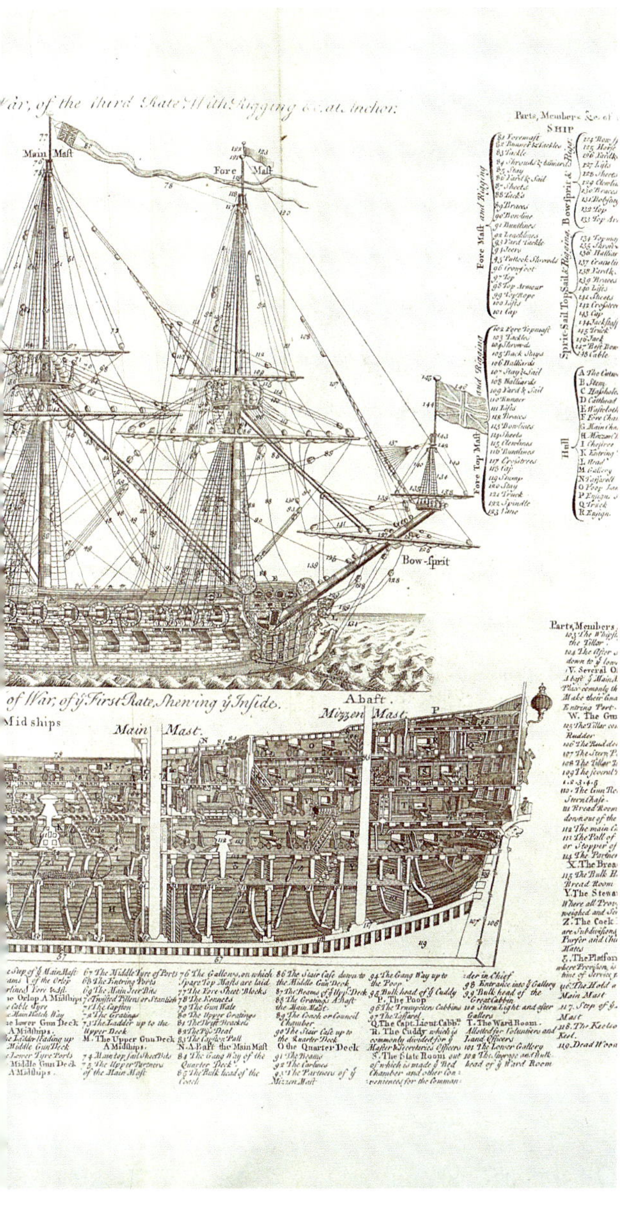

« La traduction entière du Chambers nous a passé sous les yeux, et nous avons trouvé une multitude prodigieuse de choses à désirer dans les sciences; dans les arts libéraux, un mot où il fallait des pages; et tout suppléer dans les arts mécaniques», écrit bien sévèrement Diderot dans le *Prospectus* de son *Encyclopédie*. Ce jugement en partie fondé, mais qui est aussi une rouerie d'éditeur, ne rend pas vraiment justice à l'ampleur de la *Cyclopœdia*. Certes, ses articles paraissent souvent anémiques; des domaines entiers, comme l'agronomie, en sont presque totalement absents. «Les articles du Chambers, écrit encore Diderot, sont assez régulièrement disposés; mais ils sont vides : les nôtres sont pleins mais irréguliers.» La pauvreté des illustrations de la *Cyclopœdia*, limitées à quelques sujets comme la science héraldique, la géométrie, l'histoire naturelle ou la navigation, conduira les encyclopédistes français à développer la pédagogie par l'image.

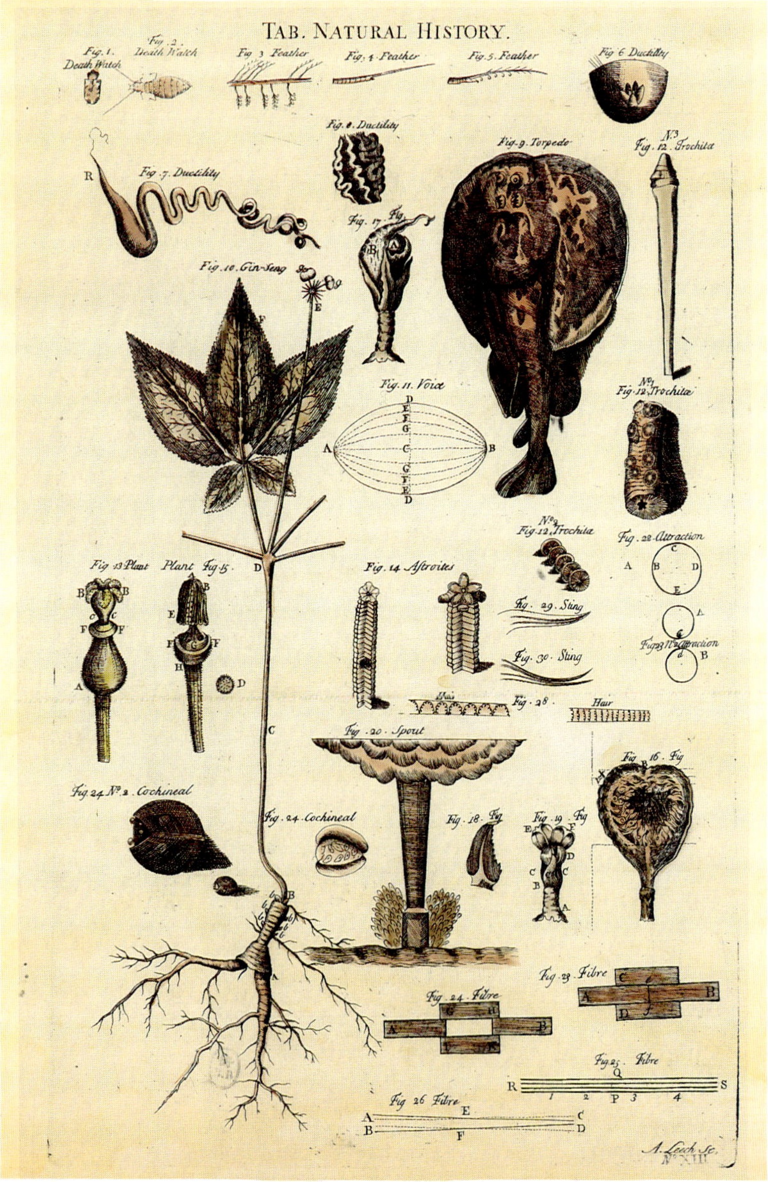
TAB. NATURAL HISTORY.
Fig. 1. Death Watch
Fig. 2. Death Watch
Fig 3 Feather
Fig. 4 Feather
Fig. 5. Feather
Fig 6 Ductility
Fig. 7. Ductility
Fig. 8. Ductility
Fig. 9. Torpedo
N.3 Fig. 12. Trochitæ
Fig. 17. Fig
Fig. 10. Gin-Seng
Fig. 11. Voice
N.1 Fig. 12. Trochitæ
N.2 Fig. 12. Trochitæ
Fig. 22. Attraction
Fig 13 Plant
Plant Fig 15.
Fig. 14 Astroites
Fig. 29. Sting
Fig. 30. Sting
Fig. 28
Hair
Fig. 20. Spout
Fig 16. Fig
Fig 24 N.2 Cochineal
Fig. 24. Cochineal
Fig. 18. Fig
Fig 19 Fig
Fig 23 Fibre
Fig 24 Fibre
Fig 25. Fibre
Fig 26 Fibre
A. Leech Sc.
N.° XIII

et des sciences, simple traduction du titre original anglais pour un ouvrage dont on lançait la vente par souscription.

Les traducteurs nommés étaient l'Allemand Gottfried Sellius et l'Anglais John Mills, prétendument experts en telle besogne. Mais Le Breton se brouilla bientôt avec ses auteurs et se lia en octobre 1745 par un «traité de société» avec trois confrères parisiens, trois libraires acceptant de se prêter à cette audacieuse spéculation; il s'agissait de Michel-Antoine David, dit «l'aîné», de Laurent Durand et d'Antoine Briasson. L'équipe éditoriale de la future *Encyclopédie* était formée. Ceux-ci confièrent la direction rédactionnelle de l'ensemble à... l'abbé Jean-Paul Gua de Malves, mathématicien un peu bizarre qui leur fit rapidement subir les pires avanies. La situation semblait cette fois-ci désespérée, une espèce de malédiction s'acharnant sur la *Cyclopœdia* à rendre française.

Par bonheur, à moins que ce ne fût une ruse du destin, Gua de Malves s'était adjoint deux collaborateurs, l'un illustre académicien des sciences comme de Malves, caution dont tout éditeur aime à s'entourer, l'autre ardent polygraphe qui avait déjà fait ses preuves dans des tâches de compilation spécialisée.

Après avoir éliminé Gua de Malves en août 1747, les «libraires associés» confièrent en octobre la responsabilité de l'ouvrage, de sa conception à sa réalisation, aux deux collaborateurs immédiats de l'abbé : Jean le Rond d'Alembert et Denis Diderot. Leurs fiches de police les décrivaient ainsi en 1751 : «D'Alembert. Signalement : petit homme d'une physionomie assez commune. C'est un homme charmant pour le caractère et pour l'esprit. Il excelle surtout dans la géométrie»; «Diderot. Signalement : moyenne taille et la physionomie assez décente. C'est un jeune homme qui fait le bel esprit et se fait trophée d'impiété, très dangereux.»

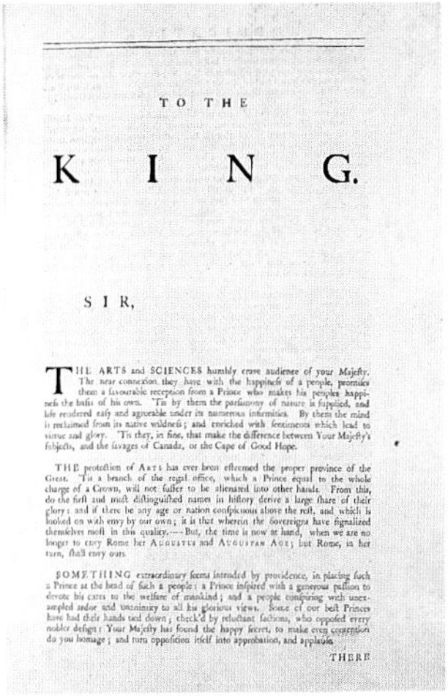
TO THE

KING.

SIR,

THE ARTS and SCIENCES humbly crave audience of your Majesty. The near connexion they have with the happiness of a people, promises them a favourable reception from a Prince who makes his peoples happiness the basis of his own. 'Tis by them the parsimony of nature is supplied, and life rendered easy and agreeable under its numerous infirmities. By them the mind is reclaimed from its native wildness; and enriched with sentiments which lead to virtue and glory. 'Tis they, in fine, that make the difference between Your Majesty's subjects, and the savages of Canada, or the Cape of Good Hope.

THE protection of ARTS has ever been esteemed the proper province of the Great. 'Tis a branch of the regal office, which a Prince equal to the whole charge of a Crown, will not suffer to be alienated into other hands. From this, do the first and most distinguished names in history derive a large share of their glory: and if there be any age or nation conspicuous above the rest, and which is looked on with envy by our own; it is that wherein the Sovereigns have signalized themselves most in this quality.---But, the time is now at hand, when we are no longer to envy Rome her AUGUSTUS and AUGUSTAN AGE; but Rome, in her turn, shall envy ours.

SOMETHING extraordinary seems intended by providence, in placing such a Prince at the head of such a people: a Prince inspired with a generous passion to devote his cares to the welfare of mankind; and a people conspiring with unexampled ardor and unanimity to all his glorious views. Some of our best Princes have had their hands tied down; check'd by reluctant factions, who opposed every nobler design: Your Majesty has found the happy secret, to make even contention do you homage; and turn opposition itself into approbation, and applause.

THERE

La *Cyclopœdia* était dédiée au roi d'Angleterre, George II. Dans la société européenne du temps, et même en Grande-Bretagne où régnait une certaine liberté de la presse, il n'était pas inutile de protéger un grand projet éditorial grâce au paratonnerre d'un illustre et puissant dédicataire. Mais contrairement à la France, le pouvoir politique anglais n'était pas composé d'hommes qui se piquaient de belles-lettres et de philosophie. Les appuis que Diderot trouva auprès de personnalités puissantes furent largement compensés par la mise sous surveillance de son entreprise.

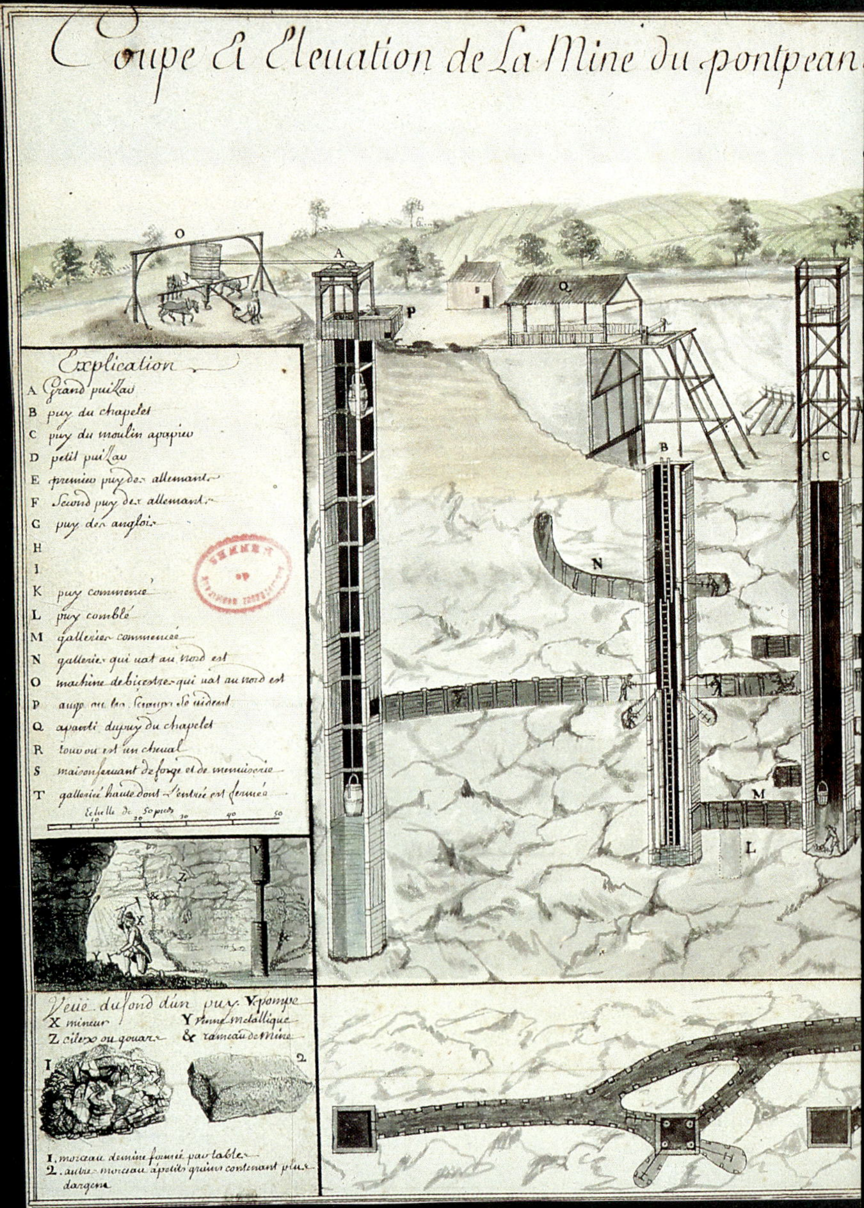
Coupe & Elevation de La Mine du pontpean
Explication
A Grand puillau
B puy du chapelet
C puy du moulin apapieu
D petit puillau
E premier puy des allemant
F Second puy des allemant
G puy des anglois
H
I
K puy commencé
L puy comblé
M gallerie commencée
N gallerie qui vat au nord est
O machine debicestre qui vat au nord est
P auge ou les seaux se vident
Q apanti du puy du chapelet
R tour ou est un cheval
S maison servant de forge et de menuiserie
T gallerie haute dont l'entrée est fermée
Echelle de 50 pieds
10 20 30 40 50
Veue du fond d'un puy. V pompe
X mineur
Y veine metallique
Z silex ou gouars
& rameau de Mine
1. morceau de mine formé par table
2. autre morceau à petits grains contenant plus dargent
A B C D L M N O P Q V X Y Z 1 2

Une encyclopédie bretonne

Christophe Paul, marquis de Robien, appartient à cette aristocratie parlementaire des Lumières qui consacre une partie de son temps et de sa fortune à des travaux d'utilité sociale ou philantropique. La physiocratie eut là son vivier. Ce collectionneur averti de dessins anciens est aussi, comme le veut l'époque, un esprit encyclopédique. Sa province bretonne fut son champ d'action. En 1753, il entreprit une *Histoire ancienne et naturelle de la Province de Bretagne* dont les matériaux n'aboutirent jamais à une publication. Les articles illustrés traitent aussi bien des mines de Pont-Péan dont le produit servait à vernir les poteries faites à Fontenay, que de la pêche et de la conservation de la sardine – industrie dominante de la Bretagne – ou des diverses sortes de poissons, de crustacés et de madrépores rencontrées sur les côtes bretonnes : Robien avait l'ambition d'être à la fois Buffon, Réaumur et Diderot. L'entreprise dépassait les possibilités d'un seul homme.

Diferantes pesches qui se font la Nuit

ligues dormantes atachée à une croix de lates sur lesquels est une petite nouelle pour les pousser au large
tramaille ou filet dormant
pescheurs qui batent l'eau pour chasser le poisson vers le filet
pescheurs qui peschent au feu avec la fouine des équillets

E pesche des huitres à la drague
F pesche à la senne dans une ance
G filet dormant que l'on leve dans une ance lorsque la mer est pleine qui retient le poisson lorsqu'elle est retirée

C
A
B
D

G
O
R
A
H
F
B
C
E
D
K
Q
P
P

S

N°47.
N°48.
N°49.
N°50.
N°51.
N°52.
N°53.

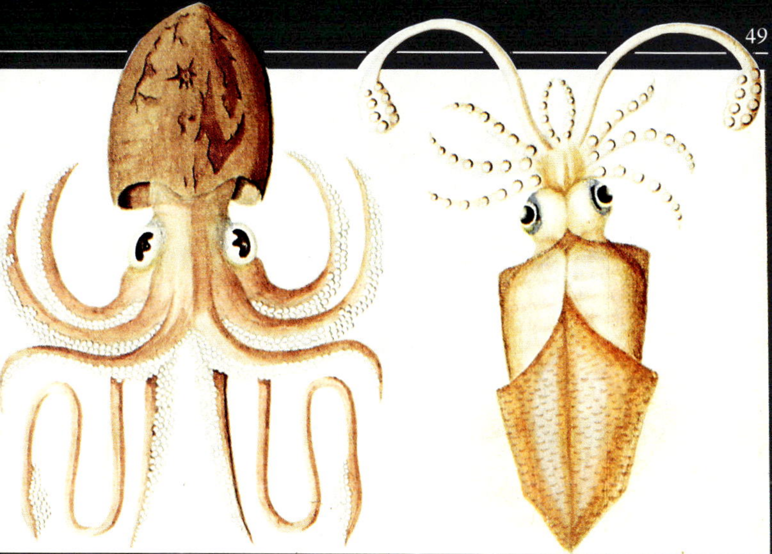

C
D
C
E
F
G
H
K
I
L

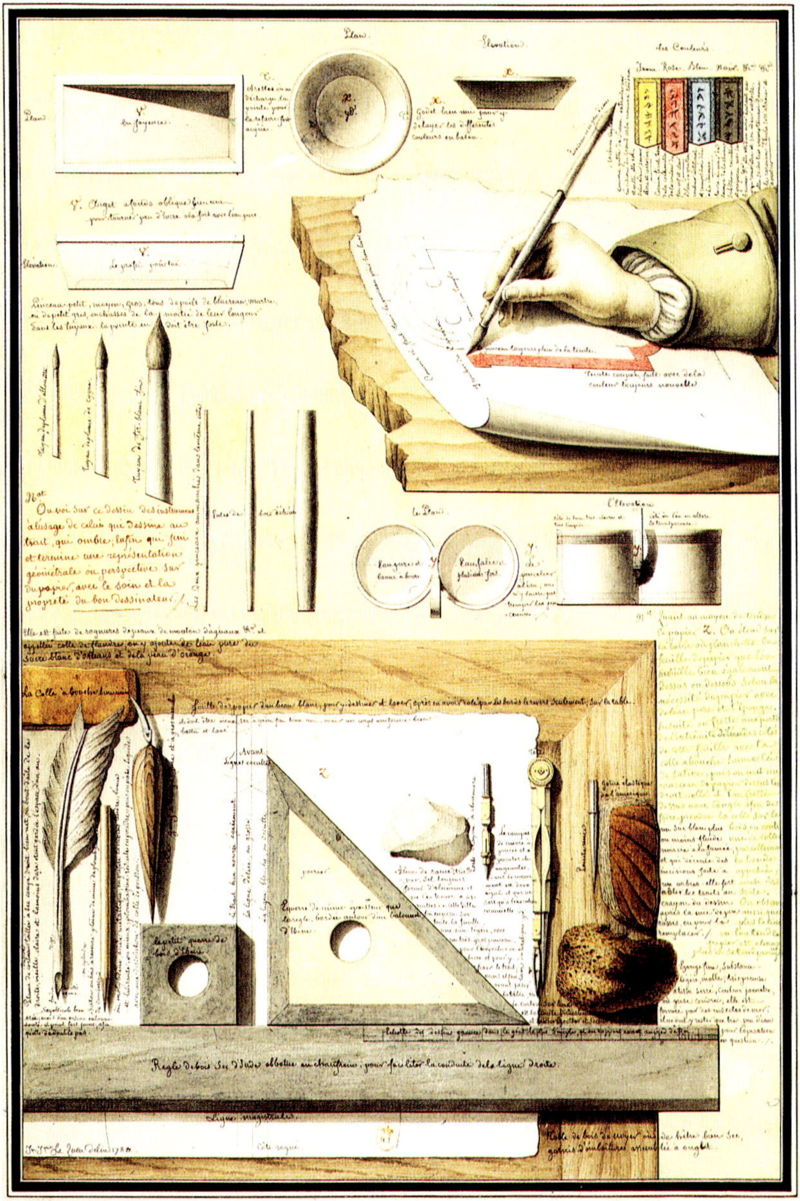
Plan.
Elevation.
les Couleurs
Jaune. Rose. Bleu. Noir.
Nota. On voit sur ce Dessin des instrumens à l'usage de celui qui Dessine au trait, qui ombre, Enfin qui finit et termine une représentation géométrale ou perspective sur du papier, avec le soin et la propreté du bon Dessinateur.
La Colle à bouche
Regle de bois Sec d'Inde abbatue en chanfrein, pour faciliter la conduite de la ligne droite.
Ligne magistrale.
Côté rogné.

Les grands dictionnaires français à vocation encyclopédique rédigés avant celui de Diderot et d'Alembert étaient l'œuvre d'un seul homme. Tel ne fut pas le cas de l'«Encyclopédie». Dès l'origine, l'entreprise fut collective : la «manufacture encyclopédique». La décision ne fut pas le fait des codirecteurs, mais plutôt des libraires associés pressés d'en finir avec le «nouveau Chambers».

CHAPITRE II

DIDEROT, D'ALEMBERT ET LES AUTRES

Diderot n'aimait guère son portrait par Louis-Michel Van Loo : «Mais trop jeune, tête trop petite. Joli comme une femme, lorgnant, souriant, mignard, faisant le petit bec. [...] Et puis un luxe de vêtement à ruiner le pauvre littérateur si le receveur de la capitation vient à l'imposer sur sa robe de chambre» *(Salon de 1767)*.

Denis Diderot naquit le 5 octobre 1713 à Langres. Fils de Didier Diderot, maître coutelier à l'enseigne de La Perle, il suivit d'abord très exactement la route qu'on lui traçait vers une carrière ecclésiastique afin de sauver quelques «bénéfices» opportunément détenus par la famille. En 1729, Diderot partit pour Paris dont il découvrit d'abord l'aspect le moins fait pour le séduire : ses collèges et le monde de la vieille pédanterie scolastique. Parisien jusqu'à sa mort, Diderot resta langrois dans l'âme par son goût du sérieux provincial, par l'amour des vertus simples du travail, par son côté «artisan» dans un univers de brillants esprits totalement dégagés de la réalité des choses. Après des études de théologie en Sorbonne, il vécut de leçons particulières. Il apprenait ce qu'il enseignait en l'enseignant, et il devint compilateur universel par nécessité d'Etat.

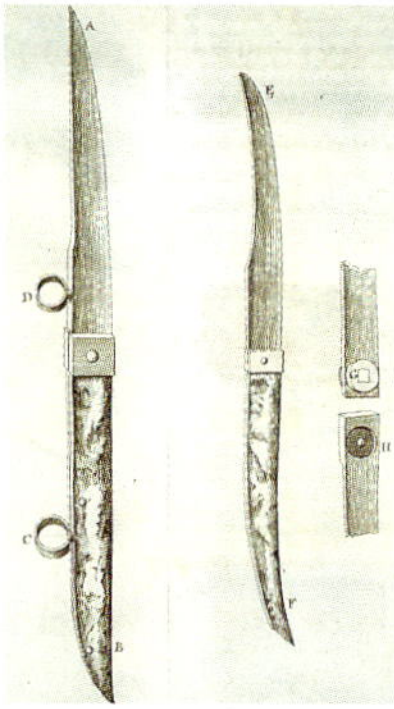

L'art du coutelier, art du métal, comme celui de l'imprimeur, exigeait précision et savoir-faire.

«J'ai passé dix ans à l'étude des mathématiques et des belles-lettres, vivant entièrement ignoré et n'ayant aucun dessein de l'être», confia-t-il en 1749

Marié contre l'avis de son père en 1743 et chargé de famille, Diderot trouva un moyen de vivre qui convenait à son esprit indépendant, le travail en sous-main pour les éditeurs parisiens. Il traduit, il adapte, il corrige. Au milieu des ateliers qui sentent l'encre et résonnent des coups de la presse, il rencontre l'univers mélangé de l'intelligentsia : écrivains besogneux ou académiciens dorés sur tranche.

Vers 1745, Diderot commence à se croire un autre génie que celui de la compilation ou de la traduction. Cette «diable de philosophie» l'obsède. Il a accès par sa situation dans le monde de l'édition et de la pensée vivante aux ouvrages interdits qui circulent imprimés ou manuscrits, telles ces *Réflexions sur l'existence de l'âme et de Dieu* qu'il copia et que conserve aujourd'hui la bibliothèque de Fécamp. En 1746, il fait imprimer clandestinement à Paris par Durand, futur libraire de l'*Encyclopédie,* mais sous la fausse adresse de La Haye, des *Pensées philosophiques* anonymes aussitôt condamnées par le Parlement à être lacérées et brûlées comme «contraires à la religion et aux bonnes mœurs». Sa fiche de police en prend acte : «Parlant des saints mystères avec mépris, il disait que lorsqu'il viendrait au dernier moment de sa vie, il se confesserait comme les autres et qu'il recevrait ce qu'on appelle Dieu, qu'il ne le fera point par devoir mais par rapport à sa famille.»

Ce coup d'essai était un coup de maître qui lui suscita admiration chez les esprits forts et réplique chez les dévots de toutes espèces : «Je les tiens pour détestables si elles plaisent à tout le monde», fanfaronnait-il sur ses *Pensées* (préface). Il y avait sans doute un peu de provocation dans ce texte où l'on reconnaît pourtant la première œuvre originale de Diderot.

Le tableau de Louis Defrance montre une visite mondaine des presses de l'imprimerie Plomteux, à Liège, où se fabriquaient de nombreuses contrefaçons d'œuvres françaises et des rééditions autorisées. Diderot se plaignit des contrefacteurs liégeois dans sa *Lettre sur le commerce de la librairie* inspirée par les intérêts des éditeurs parisiens.

Selon sa fille, Diderot aurait composé *Les Bijoux indiscrets* en une quinzaine de jours pour plaire à sa maîtressc Mme de Puisieux et lui prouver qu'on pouvait en tirer 1200 livres du libraire Durand. Le roman fut illustré d'un frontispice et de cinq figures originales au libertinage discret. La mode était à ces petits ouvrages réalisés avec soin qu'on nomme aujourd'hui des «curiosa».

Le prétexte de la *Lettre sur les aveugles* avait été l'opération de la cataracte effectuée à Paris sur une aveugle de naissance et les *Elements of Algebra* de Nicolas Saunderson, professeur de mathématiques à Cambridge et aveugle. Imprimé secrètement à Paris, l'ouvrage fut diffusé par Durand, coéditeur de l'*Encyclopédie* déjà utilisé pour *Les Bijoux indiscrets.*

Même ornés de considérations savantes, la publication d'ouvrages «osés» fait de Diderot un écrivain sulfureux

Les Bijoux indiscrets (1748), prétendument imprimés au «Monomotapa», s'inspiraient de romans du même type rapportant les souvenirs galants de «canapés», de «sophas» ou de «bijoux indiscrets», sexes qu'une

LETTRE
SUR
LES AVEUGLES,
A L'USAGE
DE CEUX QUI VOYENT.
Possunt, nec posse videntur.
Virg.
A LONDRES.
MDCCXLIX.

magie piquante faisait parler. L'année précédente avait paru *Nocrion,* modèle du genre qu'on attribuait au comte de Caylus, savant «antiquaire» et libertin grossièrement raffiné, ou à l'abbé de Bernis, ancien condisciple de Diderot et futur ministre des Affaires étrangères, ambassadeur près le Saint-Siège et commensal de Casanova, le «Babet la Bouquetière» de Mme de Pompadour, son amie. Surtout consacrés à la théorie musicale, sujet que Diderot étudiait à cette époque en collaborant aux recherches sur le «principe de l'harmonie» menées par Rameau, ses *Mémoires sur différents sujets de mathématiques* furent publiés eux très officiellement la même année chez Durand; ils ne suffirent pas à lui enlever sa réputation d'écrivain sulfureux. La mode n'expliquait pas tout.

On en fut bien persuadé quand parut sous l'anonyme et la fausse adresse de Londres des *Lettres sur les aveugles à l'usage de ceux qui voient* (1749), audacieuse réflexion sur l'origine sensorielle de nos idées mettant de côté toute intervention divine. Durand en était encore l'imprimeur secret. Le pouvoir s'émut et envoya Diderot méditer sur la liberté de la presse dans le sombre donjon de Vincennes. On perquisitionna chez lui à la recherche de documents «contraires à la religion, à l'Etat et aux bonnes mœurs»; la police trouva des «manuscrits concernant le dictionnaire de Chambers». Le codirecteur de la nouvelle encyclopédie française avait été plus prudent. D'Alembert menait en apparence une vie très régulière.

Formey disait de d'Alembert qu'il avait l'aspect d'un «commis de négociant». Réalisé pour le Salon de 1753, le pastel de La Tour flatte un peu le philosophe, alors âgé de trente-six ans, et rend davantage compte du statut académique de son modèle que de sa physionomie. Introverti, d'Alembert était mal à l'aise dans le monde. «C'est par les actions qu'il faut louer ceux qui le méritent; l'éloge d'un homme de lettres doit donc être le récit de ses travaux» *(Réflexions sur les éloges académiques).*

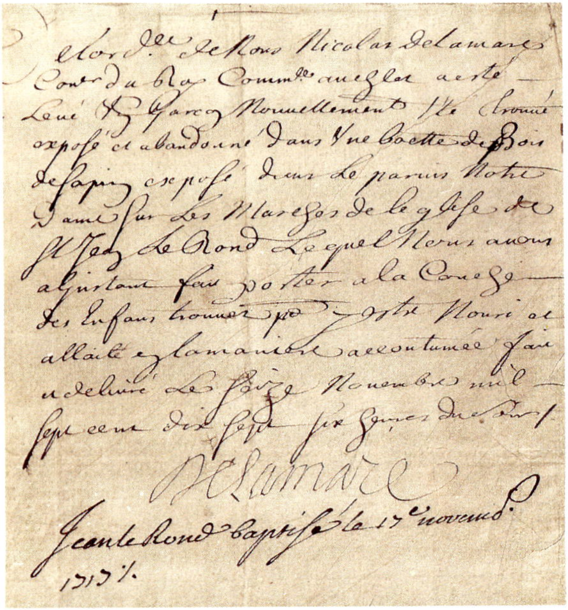

Le Cor. de Mons. Nicolas Delamare Conr du Roy Commre au Chlet a esté Levé un garçon Nouvellement Né trouvé exposé et abandonné dans une boette de bois de sapin exposé dans le parvis Notre Dame sur les Marches de leglise de St Jean Le Rond Lequel Nous avons aujourdhui fait porter a la Couche des Enfans trouvez pour y estre Nourri et allaité en la maniere accoutumée fait et delivré Le seize Novembre mil sept cent dix sept six heures du soir

Delamare

Jean le Rond baptisé le 17e novemb. 1717.

Beaucoup d'enfants mouraient en bas âge, surtout chez les nourrices à qui la bonne société les confiaient les premières années. Mais les abandons, fruits de naissances illégitimes ou de situations sociales extrêmes, étaient encore plus nombreux. Des institutions charitables s'en occupaient. Enfant trouvé, d'Alembert porta toute sa vie le poids de ce document qui certifie que le nouveau-né fut conduit aux «Enfants trouvés pour y être nourri et allaité en la manière accoutumée».

De quatre ans le cadet de Diderot, d'Alembert illustre involontairement un des mythes des Lumières : la bâtardise

Autant l'un a des attaches solides dans une province, des parents honorables et attentifs, autant le second appartient dès sa naissance aux laissés-pour-compte de la société. Et pourtant le premier ne parviendra à rien, sauf à la gloire posthume; le second, lui, fera une carrière académique brillante, presque mondaine, à la manière de son prédécesseur dans ses fonctions, Fontenelle. Jean-le-Rond d'Alembert naquit le 16 novembre 1717 d'une mère qui l'«exposa» immédiatement dans une «boîte de bois de sapin» sur le parvis de l'église parisienne de Saint-Jean-le-Rond, près de Notre-Dame; son nom, pire qu'un anonymat, lui vient de là. Il fut recueilli par une femme du peuple chez qui il vécut pendant quarante-huit ans. Cette compagne de vitrier fut sa véritable mère.

Sa mère selon la nature était célèbre et lui marqua plus que de l'indifférence; elle fit comme s'il n'avait

jamais existé : Mme de Tencin, nonne défroquée et ancienne maîtresse du Régent, trouvait que les enfants faisaient désordre. D'Alembert dut tout à sa propre volonté. C'était un enfant exceptionnellement doué pour l'abstraction. Bachelier ès arts à dix-huit ans, il se mouvait avec aisance dans les parties les plus complexes de la mathématique moderne, l'analyse des infiniment petits, l'application de l'algèbre à la géométrie; il avait tout assimilé du marquis de l'Hôpital aux Bernoulli, de Newton à Clairaut. A vingt-quatre ans, après des études de droit et de médecine qu'il poursuivit sans passion, il entra à l'Académie des sciences comme «associé astronome adjoint».

A partir de ce moment-là, sa vie va se confondre avec la science et les académies. Les années qui suivent virent publier des mémoires où il développe des points inconnus de la science mathématique et de la physique : traité de dynamique en 1743, sa suite en 1744 et, à la même date, un traité de l'équilibre et du mouvement des fluides. Sa réputation devient européenne. Il entre à l'Académie de Berlin en 1746,

Jean-Jacques Rousseau abandonna ses enfants; son homonyme, Mme Rousseau, éleva d'Alembert dans le milieu des artisans vitriers. Son père, le chevalier Destouches, saisi d'un remords tardif, lui fit une pension annuelle. Une anecdote raconte que lorsqu'il fut devenu célèbre, Mme de Tencin (1682-1749) fit venir son fils et lui révéla sa naissance. D'Alembert l'aurait repoussée en déclarant que sa véritable mère était la femme Rousseau. Romancière douée, Mme de Tencin entretint une correspondance avec les meilleurs esprits de son temps.

et Frédéric II, avant Catherine de Russie, va tenter vainement de se l'approprier pour la plus grande gloire de la philosophie et de la Prusse. Mais d'Alembert est casanier, aventurier de l'esprit seulement. De même qu'il continua à vivre chez sa vitrière, avant d'immigrer en 1765 chez Mlle de Lespinasse à qui le lia une passion platonique, de même il fut le meilleur disciple de Fontenelle dans le refus des passions qui troublent la sérénité du savant.

C'est dans les quelques années avant le tournant du demi-siècle que d'Alembert commence de voir la nécessité de relier les sciences entre elles

D'Alembert pratiquait les sciences en technicien de génie mais non en «philosophe». Le mot a alors une signification très particulière en France, il désigne des esprits forts, amoureux du paradoxe. D'Alembert fit son apprentissage des idées à la mode en fréquentant les mêmes lieux que Diderot et ses amis, Condillac ou Rousseau. En ces années, Diderot s'intéressait de près à la mathématique et à la théorie musicale, comme d'Alembert. Cela dut les rapprocher. Condorcet, dans son *Eloge de d'Alembert,* parlera plus tard de «l'amitié tendre et solide» qui liait les deux hommes. Ils fréquentaient tous deux l'abbé Gua de Malves, académicien des sciences et fort utile compilateur au service des libraires parisiens. La suite est connue... c'est l'histoire de l'*Encyclopédie*.

Julie de Lespinasse (1732-1776) était une bâtarde de la maison noble de Vichy. Elle servit longtemps de dame de compagnie à sa demi-sœur Mme du Deffand. Sans doute cela eut-il à faire avec le sentiment virginal qui la porta vers cet autre écorché social qu'était d'Alembert. Ses lettres sont un délice de sensibilité et d'intelligence.

À côté des salons que les philosophes fréquentent volontiers, car ils servent leurs intérêts de parti, les cafés parisiens facilitent les relations sociales sans contrainte. La police y envoie ses «mouches» chargées de faire le rapport des conversations. Représenté ici, le café Manoury se trouvait sur l'actuel quai du Louvre.

Le projet est grandiose et sa réalisation va en accroître encore l'envergure

D'Alembert s'explique métaphoriquement sur ce projet dans l'article Dictionnaire : «Que doivent donc faire les auteurs d'un dictionnaire encyclopédique? C'est de dresser d'abord, comme nous l'avons fait, une table générale des principaux objets des connaissances humaines. Voilà la machine démontée, pour ainsi dire en gros : pour la démonter plus en détail, il faut ensuite faire sur chaque partie de la machine ce qu'on fait sur la machine entière.»

L'idée est de composer un dictionnaire d'un nouveau type, universel dans ses informations, «raisonné», c'est-à-dire critique et logiquement construit. La notion même d'encyclopédie appelle celle d'épistémologie ou de philosophie des sciences, à propos de laquelle les directeurs s'expliquent longuement en faisant référence à la «division des sciences» selon les principes de «l'arbre encyclopédique» ou «système figuré des connaissances humaines» du chancelier d'Angleterre Francis Bacon, «phare» prémonitoire des encyclopédistes au XVIIe siècle. Déjà Bayle et Buffon s'étaient inquiétés que la multiplication des connaissances techniques n'allassent pas dans le sens de la science universelle, mais plutôt vers une accumulation de connaissances parcellaires. Selon l'article Eléments des sciences, qui est de d'Alembert, «nos connaissances peuvent se réduire à trois espèces : l'histoire, les arts tant libéraux que mécaniques et les sciences proprement dites, qui ont pour objet les matières de pur raisonnement», ce que nous appelons communément la philosophie ou les sciences théoriques.

Chancelier d'Angleterre sous Jacques Ier, Francis Bacon (1560-1628) passa ses dernières années à philosopher sur les sciences. Ses œuvres furent publiées à Londres en 1740 (quatre volumes in-folio). On y trouve le *De Augmento scientiarum* et le *Novum Organum scientiarum* où Diderot prit le principe du «système figuré des connaissances humaines». Bacon, le «père de la physique expérimentale», était assez connu en France par des traductions, dont des *Essais de morale et de politique* (1734) et l'*Analyse de la philosophie du chancelier François Bacon* (1755) par Alexandre Deleyre, qui collabora à l'*Encyclopédie.* Mais avant même Bacon, le Français Christophe de Savigny avait composé en 1587 (réédité en 1619) un tableau intitulé *Encyclopédie ou la suite et liaison de tous les arts et sciences.* Ce fait ignoré de Diderot lui fut signalé en 1773 par l'érudit François-Louis Jamet.

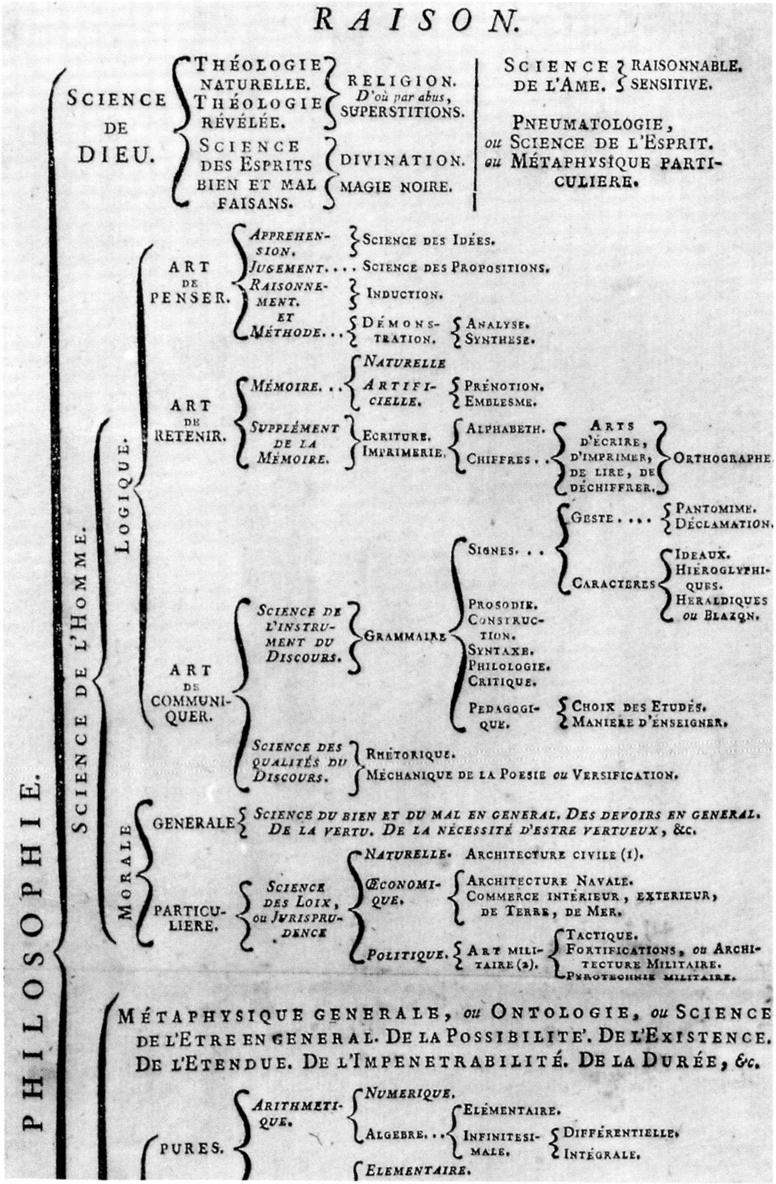

RAISON.

- PHILOSOPHIE.
  - SCIENCE DE DIEU.
    - THÉOLOGIE NATURELLE. / THÉOLOGIE RÉVÉLÉE. — RELIGION. *D'où par abus*, SUPERSTITIONS.
    - SCIENCE DES ESPRITS BIEN ET MAL FAISANS. — DIVINATION. / MAGIE NOIRE.
  - SCIENCE DE L'AME. — RAISONNABLE. / SENSITIVE.
  - PNEUMATOLOGIE, *ou* SCIENCE DE L'ESPRIT. *ou* MÉTAPHYSIQUE PARTICULIERE.
  - SCIENCE DE L'HOMME.
    - LOGIQUE.
      - ART DE PENSER.
        - *Apprehension.* — Science des Idées.
        - *Jugement.* ... Science des Propositions.
        - *Raisonnement.* — Induction.
        - *Et Méthode.* ... — Démonstration. — Analyse. / Synthese.
      - ART DE RETENIR.
        - *Mémoire.* ..
          - *Naturelle*
          - *Artificielle.* — Prénotion. / Emblesme.
        - *Supplément de la Mémoire.* — Ecriture. / Imprimerie.
          - Alphabeth. / Chiffres .. — Arts d'écrire, d'imprimer, de lire, de déchiffrer. — Orthographe.
      - ART DE COMMUNIQUER.
        - *Science de l'instrument du Discours.* — Grammaire.
          - Signes. ..
            - Geste. ... — Pantomime. / Déclamation.
            - Caracteres. — Ideaux. / Hiéroglyphiques. / Heraldiques *ou* Blazon.
          - Prosodie.
          - Construction.
          - Syntaxe.
          - Philologie.
          - Critique.
          - Pedagogique. — Choix des Etudes. / Maniere d'enseigner.
        - *Science des qualités du Discours.* — Rhétorique. / Méchanique de la Poesie *ou* Versification.
    - MORALE.
      - GENERALE. — *Science du bien et du mal en general. Des devoirs en general. De la vertu. De la nécessité d'estre vertueux, &c.*
      - PARTICULIERE. — *Science des Loix, ou Jurisprudence*
        - *Naturelle.* Architecture civile (1).
        - *Œconomique.* — Architecture Navale. / Commerce intérieur, exterieur, de Terre, de Mer.
        - *Politique.* — Art militaire (2). — Tactique. / Fortifications, *ou* Architecture Militaire. / Pyrotechnie militaire.
  - MÉTAPHYSIQUE GENERALE, *ou* ONTOLOGIE, *ou* SCIENCE DE L'ETRE EN GENERAL. DE LA POSSIBILITE'. DE L'EXISTENCE. DE L'ETENDUE. DE L'IMPENETRABILITÉ. DE LA DURÉE, *&c.*
  - PURES.
    - *Arithmetique.*
      - *Numerique.*
      - Algebre. ..
        - Elémentaire.
        - Infinitesimale. — Différentielle. / Intégrale.
    - *Elementaire.*

Le Sommeil de la raison engendre des monstres : le titre de cette eau-forte de Goya, qui fut influencé par les idées des Lumières, représente assez bien l'ambition des encyclopédistes. Eclairer l'homme, c'était le libérer de ses illusions, de ses superstitions, des idées fausses et le faire accéder à la connaissance et à la compréhension lucide du monde. Jamais un livre, depuis la Bible, n'avait eu un tel propos. Mais ce projet révolutionnaire n'était sans doute pas conscient chez de nombreux collaborateurs attachés seulement à transmettre leur savoir technique.

«Dans ce siècle même, où les sciences paraissent être cultivées avec soin, écrivait Buffon dans le *Discours inaugural* de son *Histoire naturelle* (1749), je crois qu'il est aisé de s'apercevoir que la philosophie est négligée.»

L'«Encyclopédie» est l'ultime tentative de la pensée classique pour intégrer les sciences dans un système philosophique cohérent

Un tel système existait auparavant, dans la *scientia generalis* leibnizienne par exemple; mais il était fondé sur une métaphysique particulière : Dieu était le garant de la logique du monde. Le système des encyclopédistes est lui purement rationnel, nourri des convergences de la science empirique lockienne – «la physique expérimentale de l'âme», selon d'Alembert – et de la certitude que ni le hasard ni le «fatalisme» ne président aux destinées des choses créées, dont l'homme, ce «centre commun» (article Encyclopédie de Diderot) de l'Univers qui a détrôné Dieu : «L'Univers se tait, le silence et la nuit s'en emparent. C'est la présence de l'homme qui rend l'existence des êtres intéressante» (même article).

D'Alembert et Diderot conçoivent leur participation au dictionnaire encyclopédique en philosophes plus qu'en mathématiciens ou en techniciens; la «philosophie» consistant, d'après la définition donnée par le *Discours préliminaire,* dans «la combinaison et la comparaison» des idées «que nous avons reçues par les sens».

Tâche exaltante et dangereuse à la fois quand «la combinaison et la comparaison» concernent les institutions et les croyances humaines : la grandeur et l'audace du projet encyclopédique ne masqua pas longtemps ses effets «révolutionnaires» sur la société et sur la pensée des Lumières.

La Révolution inventa la déesse Raison, dont le culte ne survécut pas à Thermidor. Le casque rappelle Minerve, le lion dompté évoque la puissance contrôlée.

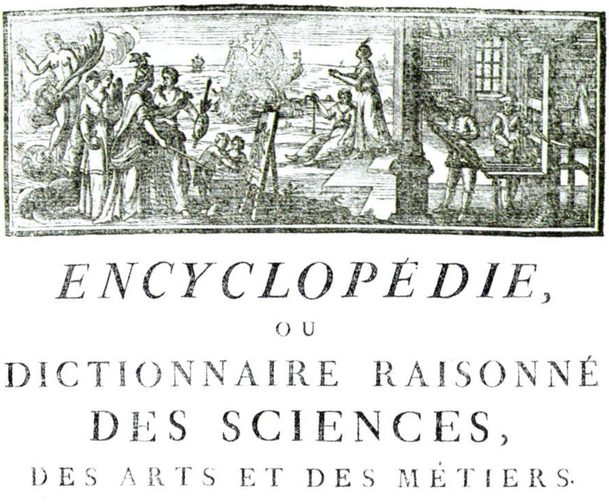
ENCYCLOPÉDIE,

OU

DICTIONNAIRE RAISONNÉ

DES SCIENCES,

DES ARTS ET DES MÉTIERS.

Moins chargé que le frontispice de la *Cyclopædia* de Chambers, le bandeau gravé qui ouvre le premier volume du *Dictionnaire raisonné* use d'un vocabulaire allégorique étalé frontalement et assez convenu. Les arts, les sciences et le commerce y apparaissent côte à côte sans lien évident. Nouveauté de l'inspiration et réalisation traditionnelle : cela caractérise aussi l'*Encyclopédie.*

Œuvre collective, œuvre de polygraphes prolifiques, l'«Encyclopédie» n'en a pas moins des vulgarisateurs de génie

Dès la préparation du tome II, Jaucourt fut adjoint à l'équipe encyclopédique par le libraire David. Il donna des articles sur tous les sujets, de la religion aux beaux-arts, et apparemment c'est ce qu'on lui demandait. Considéré par les encyclopédistes comme un simple compilateur, sauf par Voltaire, qui estimait cet homme «au-dessus des philosophes de l'Antiquité», Jaucourt exprime peu d'idées personnelles : si on le sent déiste, en marge même de sa religion, son article Peuple qui inquiéta l'administration royale ne faisait que dire tout haut ce que chacun pensait tout bas. Plus que Diderot encore qui révisait et complétait quand nécessaire, le chevalier de Jaucourt fut le vrai portefaix de l'*Encyclopédie,* coupant, collant, adaptant la matière de synthèses et de dictionnaires antérieurs pour la plus grande gloire du projet encyclopédique. Nombre de ses dix-sept mille articles, signés D. J. du tome II au tome XVII, sont de simples «emprunts», mot pour mot, à des sources imprimées.

Diderot se flatte d'avoir réuni autour du projet l'ensemble le plus impressionnant de gloires des Lumières

L'intention publicitaire était évidente. En fait, pour des raisons diverses, la plupart des grands noms de l'époque ou qui allaient devenir illustres n'ont pas réellement collaboré, l'ont fait du bout des lèvres ou en se brouillant rapidement avec les encyclopédistes. Peu leur furent fidèles jusqu'à la fin de l'entreprise. Le cas le plus

La maison du baron d'Holbach et, depuis quelque temps, celle d'Helvétius étaient le rendez-vous de cette société, composée en partie de la fleur des convives de Mme Geoffrin, et en partie de quelques têtes que Mme Geoffrin avait trouvé trop hardies et trop hasardeuses pour être admises à ses dîners.

Marmontel, *Mémoires*

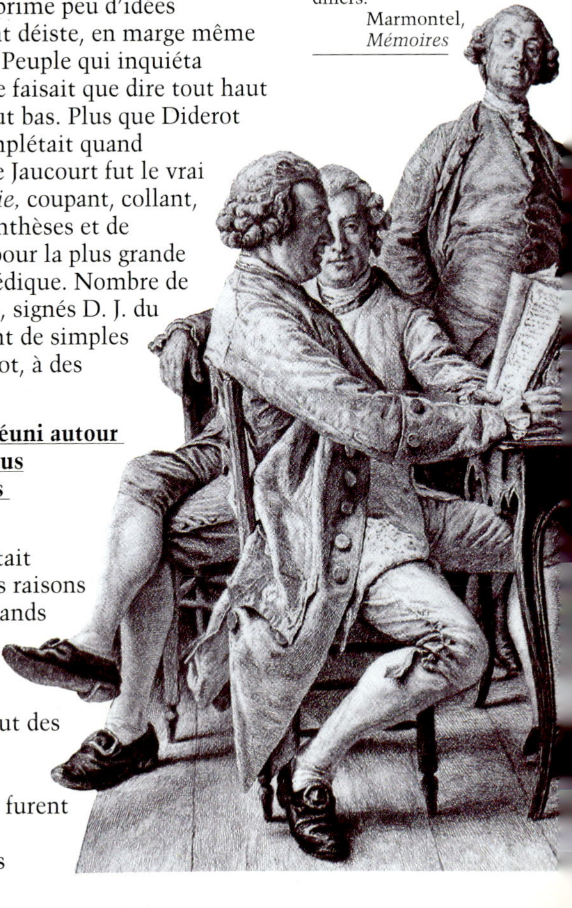

célèbre est évidemment celui de Rousseau qui, après avoir donné, de 1748 à 1749, sous l'initiale «S», trois cent quatre-vingt-dix-articles de musique et le fameux article Economie politique, se fâcha tout net avec le monde encyclopédique en entier à propos de l'article Genève du tome VII. D'autres promirent et ne donnèrent rien ou des «rogatons», expression voltairienne bien en situation. Fontenelle, avec son exquise politesse, promit et oublia; Buffon et Montesquieu firent de même.

Voltaire se fit prier, considérant que sa gloire n'avait rien à gagner dans une entreprise de compilation dirigée par un presque inconnu. Son amitié pour

L'abbé de Gua recruta les meilleurs polygraphes de l'Europe savante. Le premier des cent soixante-dix-huit que compta l'*Encyclopédie* fut Formey qui compila pas moins de cent dix articles. Le plus prolifique fut sans conteste Jaucourt dont la puissance de travail est telle que Diderot écrit en 1760 à Sophie Volland : «Cet homme est depuis six ou sept ans au centre de six ou sept secrétaires, lisant, dictant, travaillant treize à seize heures par jour.»

Jean-Rodolphe Perronet, créateur de l'Ecole des Ponts et Chaussées et amant de la sœur de Sophie Volland, est l'architecte du pont de la Concorde : il donna des articles techniques à l'*Encyclopédie.* Son portrait en médaillon se rencontre en 1784 sur un travail d'élève de l'Ecole.

d'Alembert le fit passer sur ce détail qui avait son importance, mais il ne donna au *Dictionnaire raisonné,* lui qui savait être incisif sur tous les sujets brûlants, que quarante-cinq articles anodins de littérature et d'histoire, vite faits, sans grande recherche, où l'on reconnaît difficilement le coup de griffe meurtrier du père de *Candide.*

D'autres astres, moins brillants certes à l'époque, mais dont l'importance est aujourd'hui reconnue, retiennent plus d'attention que ces premiers rôles glorieux. Le baron Paul Thiry d'Holbach, homme du monde et de finances, ami de Diderot, allemand d'origine et passionné de techniques minières et métallurgiques dont il fit profiter l'*Encyclopédie,* est surtout connu comme le maître d'œuvre de ce que les contemporains informés nommaient la «coterie holbachique», petit groupe d'athées militants qui publiaient sous le voile de l'anonymat ou des fausses attributions les pamphlets les plus sanglants contre la religion. D'Holbach a donné à l'*Encyclopédie* quatre cents contributions, souvent anonymes ou signées ironiquement («_»). De la «coterie holbachique», on trouve d'autres éminents participants : du Marsais («F») qui n'était pas seulement grammairien; Nicolas-Antoine Boulanger, ingénieur militaire qui s'intéressait au déluge, ou Jacques-André Naigeon, secrétaire et futur éditeur de Diderot.

D'Holbach fut l'un des hommes essentiels de la philosophie des Lumières, mais il aimait l'ombre...

Dessiné en 1764 par C.-N. Cochin, le frontispice de l'*Encyclopédie* ne fut inséré qu'en 1772 dans les volumes. Son programme allégorique complexe, éclairé par une *Explication* imprimée, a nourri les théories qui voient dans le *Dictionnaire raisonné* une entreprise maçonnique. Diderot lui-même s'y égarait...

C'est sans doute dans la centaine de collaborateurs dont on ne parle jamais que réside la véritable couleur de cette étonnante réunion d'esprits

Ces fantassins de l'*Encyclopédie* n'étaient pas nécessairement des inconnus en leur temps. On y trouve de nombreux académiciens : de celle des sciences comme La Condamine, de sa sœur française comme Marmontel; des aristocrates dont la contribution fut très professionnelle : les Lorrains Boufflers, Saint-Lambert et Tressan, les marquis de Lezay-Marnésia et de Pezay, le prince d'Oginsky; mais aussi des représentants de la haute administration ministérielle, Turgot ou Perronet, directeur de l'Ecole des Ponts et Chaussées et architecte du pont de la Concorde, des artistes au talent reconnu comme le graveur académicien Charles-Nicolas Cochin ou l'architecte Blondel («P»).

La majorité des collaborateurs se compose de professionnels avertis, de la théologie à la médecine, de la jurisprudence à la chimie. Pour un ou plusieurs articles, ils apportent le fruit de leur compétence, parfois dans un style que l'infatigable Diderot corrige en y ajoutant du sien. Beaucoup de professeurs, d'académiciens de province – le médecin Bouillet, secrétaire fondateur de l'Académie de Béziers –, de moyens fonctionnaires, tel Damilaville, premier commis au bureau du Vingtième (impôts), l'homme à tout faire de Voltaire à Paris et surtout l'auteur de quelques-uns des articles de finances et de démographie parmi les plus importants de l'*Encyclopédie* (Population, Vingtième, Paix). C'est parmi ces modestes écrivains qui souvent n'ont rien publié ailleurs que se recrutèrent les ouvriers de la «manufacture encyclopédique». Ils formèrent, sans même le soupçonner, le véritable *Who's Who* du siècle des Lumières.

L'ambition de l'entreprise de Diderot et d'Alembert allait bien au-delà d'un recueil des connaissances humaines : il s'agissait de «changer la façon commune de penser» (article Encyclopédie). Le même Diderot, rêvant tout haut, s'exaltait un peu plus loin dans une de ces longues périodes dont il avait le

Les études de chimie se faisaient au Jardin du Roi et dans des cabinets de chimie appartenant à des particuliers, qui y pratiquaient des expériences et y ouvraient des cours. Diderot suivit ceux de Rouelle.

secret et qui servira de conclusion à ce chapitre : «Nous avons vu que l'*Encyclopédie* ne pouvait être que la tentative d'un siècle philosophe; que ce siècle était arrivé; que la renommée, en portant à l'immortalité les noms de ceux qui l'achèveraient, peut-être ne dédaignerait pas de se charger des nôtres, et que nous nous sommes sentis ranimés par cette idée si consolante et si douce qu'on s'entretiendrait aussi de nous, lorsque nous ne serions plus.»

L'enseignement de la médecine se donnait à la Faculté; la chirurgie restait une technique secondaire. Malgré les réticences de l'Eglise, la dissection était entrée dans l'enseignement médical depuis la Renaissance.

fig. 5
fig. 6
fig. 7
fig. 1
fig. 4
fig. 3
fig. 2

Si le «Recueil des planches» de l'«Encyclopédie» eut en son temps un tel succès auprès des lecteurs, si aujourd'hui encore il reste d'une actualité saisissante, cela tient au fait qu'il est l'œuvre d'un groupe de dessinateurs et de graveurs exceptionnels. Le plus célèbre comme le plus prolifique fut sans conteste Louis-Jacques Goussier.

CHAPITRE III

UN VASTE CHANTIER ICONOGRAPHIQUE

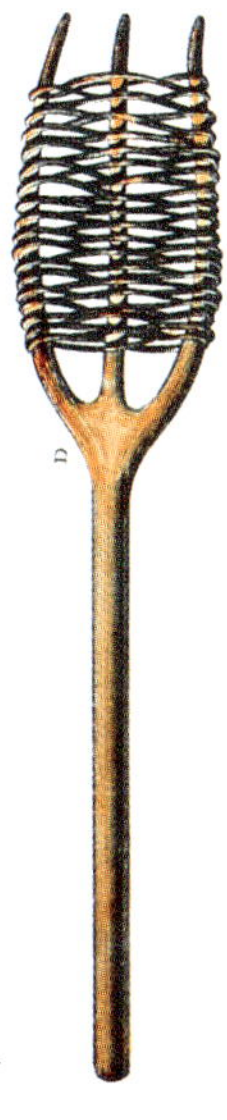

Les illustrations de l'*Encyclopédie* ne sont pas seulement consacrées aux techniques les plus neuves; on y trouve aussi les objets de tous les jours.

Les difficultés rencontrées avec les volumes de *Discours* contribuèrent pour beaucoup au développement de l'aspect visuel de l'ouvrage. A l'origine, les libraires prévoyaient 130 planches : ce fut en définitive 2885 feuilles gravées avec leurs explications qu'ils fournirent aux souscripteurs, si l'on tient compte du volume de *Supplément* publié en 1777. L'*Encyclopédie* passa d'un dictionnaire technique sobrement illustré, comme la tradition en existait depuis la Renaissance, à un monument pour l'œil où l'élément iconographique ne servait plus seulement de commentaire, d'*exemplum*, pour le texte, mais était sa propre raison d'être. A la fois plus ambiguë et plus «parlante», l'image était moins directement déchiffrable que le texte; les censures qui s'appliquaient si facilement aux volumes de *Discours* n'avaient guère de prise sur elle.

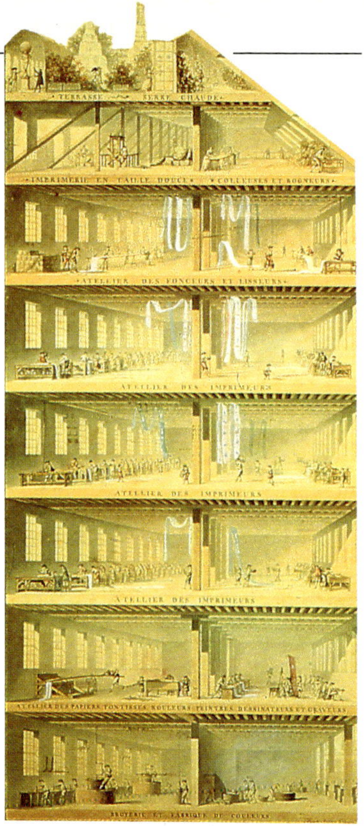

De 1762 à 1772, les onze volumes de planches transforment l'entreprise encyclopédique en un vaste chantier

Diderot recherchait la précision technique autant que la qualité graphique dans les dessins qu'il commandait aux artistes. Il refusa pour être trop «chargés de figures» sept dessins du graveur sur bois J. B. M. Papillon traitant de la fabrication du papier peint. Papillon grava de nombreux ornements typographiques pour l'*Encyclopédie* et rédigea l'article Gravure en bois.

Diderot aurait voulu, comme en témoigne l'article Encyclopédie du dictionnaire, échapper au cauchemar d'une accumulation infinie de planches techniques sans cesse dépassées par l'ingéniosité humaine et à la merci de dessinateurs dépourvus de compétence spécifique. Evoquant l'impossible entreprise de Réaumur pour l'Académie des sciences, sa compilation de la *Description et perfection des arts et métiers*, Diderot écrivait : «Qu'un homme consume une partie de sa vie à la description des arts, [...] il ne s'écoulera pas vingt ans qu'à la place de choses nouvelles et curieuses, piquantes par leur singularité, intéressantes par leurs usages, par le goût dominant, par une importance momentanée, il ne retrouvera que

PLANCHE II.
fig. 14.
N
fig. 15
fig. 16
fig. 17
morceau de Drap.
P
fig. 19
Q
R
fig. 20
R
Q
S.
T
fig. 21
T
X
V
X
fig. 22.
fig. 25.
fig. 26
fig. 23.
fig. 24.
fig. 30.
fig. 27
fig. 29.
fig. 28.
fig. 33
fig. 32.
fig. A 31
B
C
fig. 34.
fig. 35.

des notions incorrectes, des manœuvres surannées, des machines ou imparfaites, ou abandonnées. Dans les nombreux volumes qu'il aura composés, il n'y aura pas une page qu'il ne faille retoucher, et dans la multitude de planches qu'il aura fait graver, presque pas une figure qu'il ne faille redessiner.» Le calvaire de Réaumur fut pourtant rapidement le sien. Contrainte de se déverser provisoirement dans la *Description des arts* ou *Recueil de planches sur les sciences*, l'*Encyclopédie* devint pour plus d'une décennie un immense atelier de dessin et de gravure dont les éditeurs contrôlaient comme ils pouvaient la production. Les libraires poussaient

à une réalisation rapide. Le maître d'œuvre lui-même n'avait-il pas écrit assez imprudemment dans le *Prospectus* : «Un coup d'œil sur l'objet ou sur sa représentation en dit plus long qu'une page de discours.»

Diderot, qui avait lancé des enquêtes techniques auxquelles il participait lui-même, se trouva dans l'obligation de faire flèche de tout bois

Il dut recruter ses collaborateurs dans le petit monde des dessinateurs et des graveurs concentré aux alentours des rues Saint-Jacques et de la Huchette. A l'exception de Charles-Nicolas Cochin, académicien ami des philosophes qui fut chargé du dessin fort complexe destiné à servir de frontispice, on rencontre de simples artisans parmi les dessinateurs et les graveurs d'interprétation qu'il remit à la tâche. S'ils n'ont pas laissé de nom dans l'histoire

En dépit de la diversité des sources et des artistes, les planches de l'*Encyclopédie* ont une certaine unité. Le métier de graveur était généralement séparé de celui de dessinateur ou de peintre. C'est pourquoi presque tous les cuivres de l'*Encyclopédie* sont des «gravures d'interprétation». Si l'on y trouve de beaux morceaux d'académie (ci-contre, à gauche) comme on les réussissait aux écoles de dessin, le plus grand nombre de gravures ressortit au simple métier. L'illustration du XIXe siècle en regard est une reconstitution d'un atelier de graveurs vêtus de costumes «troubadours»! Mais les étapes techniques y sont clairement exposées : le dessin sur le cuivre d'après un modèle, le travail de l'eau-forte, la finition au burin et le tirage.

de leur art, ils méritent pleinement le nom de collaborateurs scientifiques de l'*Encyclopédie.*

Ils n'ont rien de ces graveurs à la mode qui multiplient les burins ingénieux d'après les maîtres du dessin et de la peinture, qui font la gloire de la gravure française de l'âge rococo. Les graveurs de l'*Encyclopédie* ont profité des progrès techniques de l'école française qui domine alors l'Europe dans l'illustration du livre; la prodigalité flamande du siècle précédent et, pour la gravure technique, la précision de l'école de Nuremberg ont cédé la place au style parisien un peu froid mais d'une efficacité sans pareille pour rendre le modelé et les perspectives. Ces graveurs parmi lesquels Benard, obscur tâcheron parisien, sont restés pour la plupart inconnus, ne signant même pas les planches qu'ils réalisaient d'après les modèles fournis par les dessinateurs. Aujourd'hui, à peine une trentaine de ces dessins sont connus; la plupart ont été détruits après gravure, selon les règles classiques de la profession. Quelques noms surnagent parmi les dessinateurs : J.-R. Lucotte ou Radel, dont nous conservons, pour l'un, cinq dessins des sept cents qu'il réalisa pour l'*Encyclopédie* et, pour l'autre, douze dessins de machines de théâtre et un treizième sur l'art du teinturier.

On peut comparer, dans quelques cas, le dessin original à son interprétation gravée. Tel est le cas de cette planche de l'art du teinturier, dessinée par Radel, obscur architecte ou ornemaniste selon les sources.

Le meilleur d'entre ces dessinateurs fut le très singulier Louis-Jacques Goussier, l'«original sans principes» décrit dans «Jacques le Fataliste»

Goussier a vingt-cinq ans quand Diderot le recrute dès 1747 pour l'*Encyclopédie.* Issu d'un milieu modeste – sa sœur est servante et son cousin cocher –, il s'est fait lui-même, apprenant les mathématiques avec Prémontval, chez qui fréquentaient aussi Diderot et d'autres esprits mal-pensants. Le «Gousse» de *Jacques le Fataliste* est une espèce de «Neveu de Rameau» en raccourci. Mais ce fut aussi un technicien

Benard grava le dessin pour le tome X des planches de l'*Encyclopédie.* La gravure a été effectuée «au miroir», c'est-à-dire dans le sens du dessin. La fidélité au détail l'emporte nettement sur l'originalité du métier.

hors pair, l'un des rares hommes du peuple qui collaborèrent à l'*Encyclopédie.* Il donna sous la lettre «D» soixante-dix articles aux volumes de *Discours* et plus de neuf cents planches, dont il rédigea les légendes, ainsi qu'il était prévu dans l'engagement des dessinateurs de l'*Encyclopédie.*

Il a beaucoup utilisé – on le lui reprocha – les matériaux de la *Description* conservés à l'Académie des sciences; son œuvre de dessinateur original reste néanmoins considérable. Sept de ses dessins qu'il déposa sous la Révolution au Conservatoire des arts et métiers permettent de mesurer la différence de qualité qui existe entre le projet dessiné et l'interprétation maladroite qu'en fit le graveur anonyme. Goussier eut l'honneur d'être cité seul de son espèce dans le *Discours préliminaire* et de se voir décerner en 1768 par Diderot l'éloge d'avoir été, quitte à déplaire à ses confrères, «celui qui a dessiné tout ce qu'il y a de bonnes planches dans notre *Encyclopédie*».

L'horloger Berthoud avait témoigné, cinq ans auparavant, quand les trois premiers volumes de planches autorisaient déjà un jugement d'ensemble, que Goussier, à l'instar de Diderot ou de d'Alembert, était «un des auteurs de l'*Encyclopédie.* Cet artiste ne possède pas seulement le talent du dessin, il joint encore beaucoup de connaissances de mathématiques, de physique et des arts, et une intelligence particulière des machines, manufactures, etc.» S'il y eut un encyclopédiste complet, ce fut assurément Goussier.

Le travail de la main avait été longtemps considéré comme indigne d'une représentation, sauf dans la peinture de genre nordique ou de «bamboche» italo-flamande. L'éminente dignité de l'ouvrier et de l'artisan n'effleurait pas une société qui plaçait ailleurs ses valeurs. L'*Encyclopédie* est un hymne à ces activités qui combinent la sûreté du jugement à l'agilité de la main.

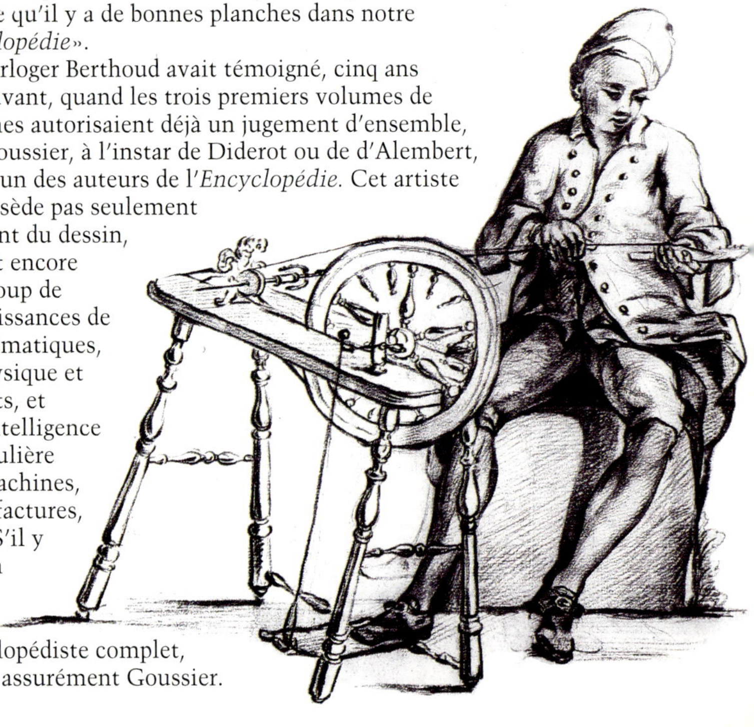

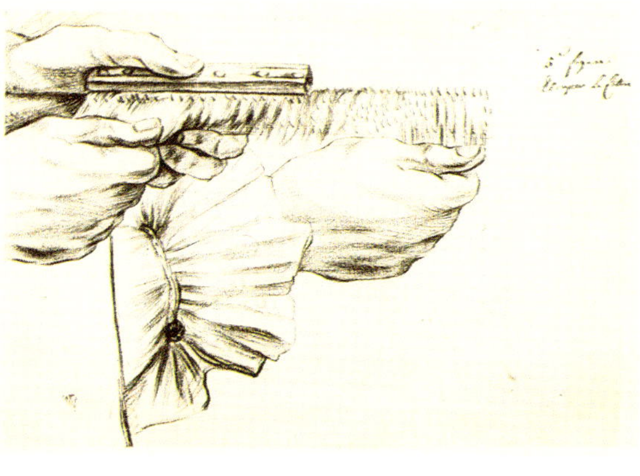

Les dessins originaux conservés de l'*Encyclopédie* sont rares. De la production de Louis-Jacques Goussier, on possède sept illustrations sur le façonnage du coton dans ses phases successives. La construction des dessins a quelque chose de cinématographique : plans généraux et gros plans. Leur qualité artistique est assez moyenne : erreur de perspective pour représenter le rouet, ombres placées maladroitement, etc. Si le dessin académique de la main humaine était dans les écoles un exercice banal, les mains prennent ici une signification particulière par le labeur auquel elles s'emploient.

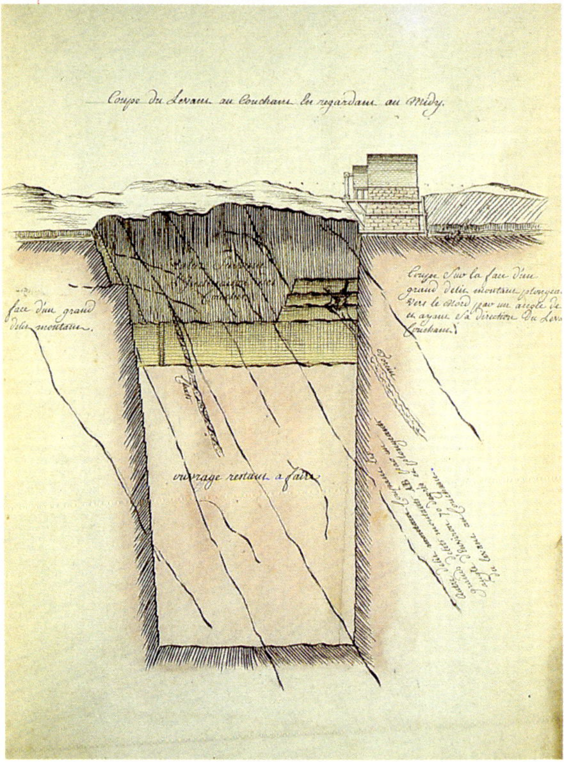

Si des enquêtes sur le terrain furent nécessaires, les rédacteurs et les dessinateurs utilisèrent aussi des sources manuscrites existantes, outre la *Description des arts et des métiers* de l'Académie des sciences. Pour l'article Ardoisières d'Anjou, Diderot se servit en 1766 d'un mémoire illustré inédit fourni par son ami Perronet. Il s'agissait du rapport de l'ingénieur J. de Voglie; les trois dessins qui l'ornaient passèrent directement dans l'*Encyclopédie*. Les quatre autres planches de l'article sont copiées de la *Description*.

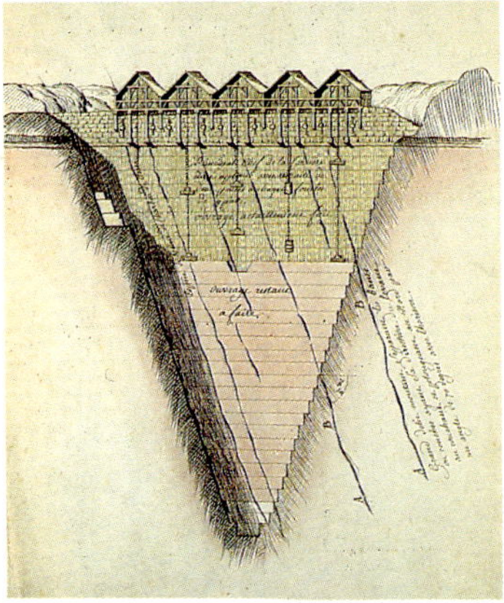

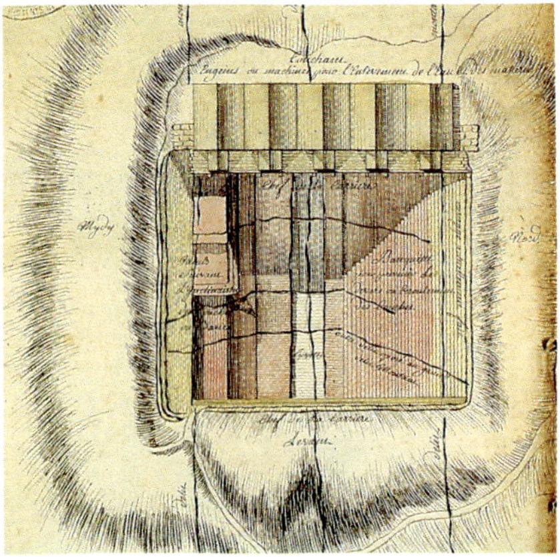

La gravure correspond au dessin en regard : elle est inversée par rapport au modèle et strictement identique. Les planches étaient accompagnées d'un *Mémoire sur les carrières d'Anjou tant d'ardoises que de charbon de terre* qui s'inspirait largement du texte de Voglie rédigé en 1756-1757 quand il était ingénieur de la Généralité de Tours. Ce document illustrait le mémoire d'une carrière d'ardoise située près d'Angers et dite «du Bouillon». Delacroix s'est inspiré de ces dessins pour les Ardoisières d'Anjou.

Cet athée cynique fut l'ami fidèle de Diderot, qu'il visita dans sa prison de Vincennes en 1749, quand, du fond de sa cellule, celui-ci tentait de coordonner le travail de préparation. Il l'accompagna dans ses enquêtes en province pour observer sur place les ateliers où la France d'Ancien Régime apprenait l'industrie. Si, pas davantage que Diderot, il ne saisit l'importance de quelques progrès techniques encore inconnus en France comme la fabrication de l'acier à partir du coke pratiquée en Grande-Bretagne ou comme les moulins à papier hollandais, il rapporta de ses visites provinciales, surtout en Champagne et en Bourgogne, des dossiers écrits et dessinés concernant l'industrie du papier, les ardoisières, la confection des ancres de marine, celles de l'acier ou du verre.

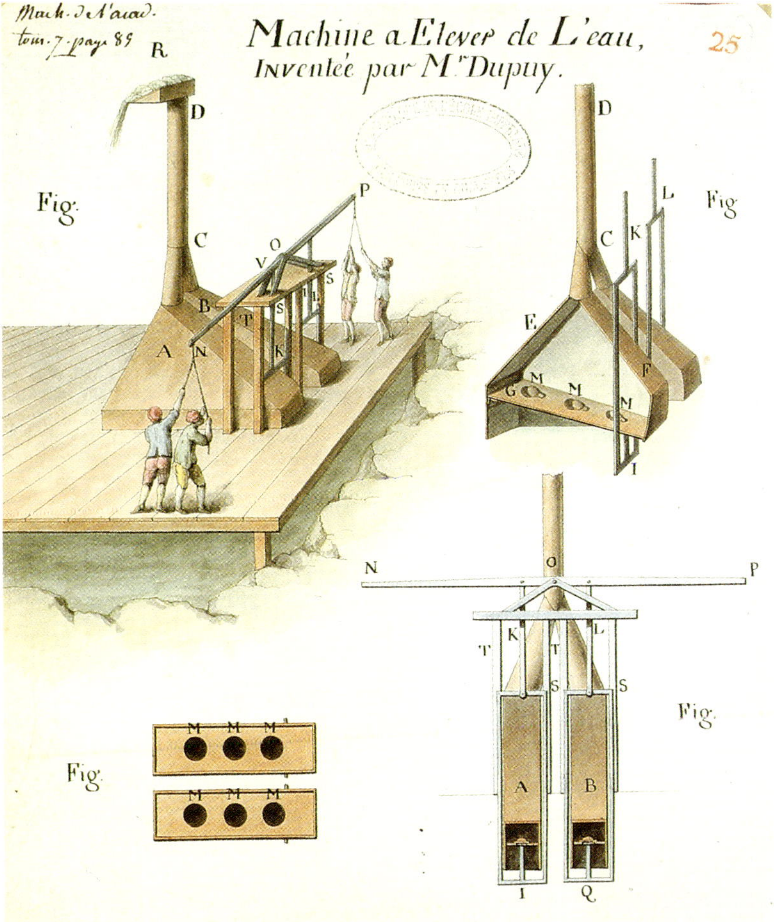

Ses articles sont ceux d'un véritable spécialiste, comme Forges qui s'étend sur quarante-cinq pages.

Goussier a donné une unité certaine aux illustrations de l'«Encyclopédie»

Contrairement au frontispice polyphonique de Cochin, celles-ci ont pour ambition de rendre «lisible» au premier coup d'œil une réalité. Tel le diable Asmodée du romancier Lesage, le lecteur

Le dossier de la «machine à élever l'eau inventée par M. Dupuy» était destiné à l'administration des Ponts et Chaussées. Il parvint aux rédacteurs de l'*Encyclopédie* qui l'adaptèrent pour l'article Hydraulique.

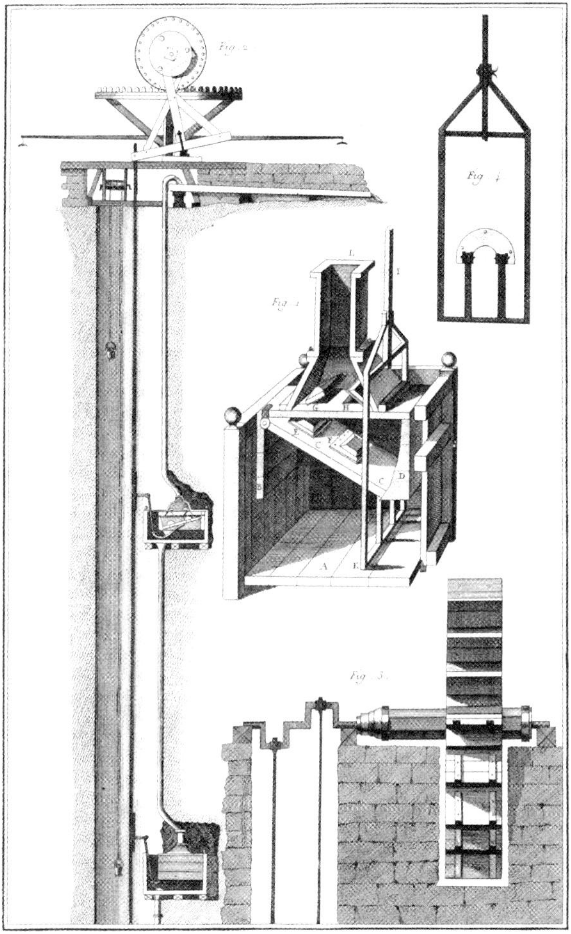

L'hydraulique relève tout à la fois de l'hydrostatique (qui considère les liquides en équilibre) et de l'hydrodynamique (qui considère leur mouvement). Elle fut étudiée très tôt puisqu'il en est question dans l'ouvrage de Vitruve, contemporain d'Auguste, *De Architectura*, et dans celui de Frontin (40-103 apr. J.-C.) intitulé *De aquaeductibus urbis Romae commentarium.* Dans l'Antiquité, la technique et la science hydrauliques étaient très avancées.

devient spectateur en pénétrant comme sur une scène de théâtre au milieu des activités humaines spécialisées, atelier dont le mur disparaît pour laisser passer notre regard, établis où tous les outils d'une profession attendent la main qui va les saisir. Souvent la planche est divisée horizontalement en deux ou plusieurs champs – ou bandes –, parfois eux-mêmes subdivisés verticalement, qui les uns parlent le langage sec de l'objet (outils divers, machines), les autres animent avec des personnages en situation les activités humaines que la technique sécrète. On a pu remarquer que les ateliers de l'*Encyclopédie* sont d'une propreté impeccable, que les compagnons portant des habits d'une élégante simplicité sont presque aussi raffinés que les paysans de Watteau vêtus de soie et de satin. Le dessinateur ne ferme pas

les yeux sur une réalité qu'il sait bien différente; il magnifie le travail et l'ordre que l'homme donne à ses activités productives.

C'est la nature entière qui est convoquée sur les vastes planches in-folio

L'illustration ne se limite pas à ces feuilles techniques qui ont fait la réputation de l'ouvrage encyclopédique. La France était alors rurale plus qu'industrielle : la représentation des travaux agricoles, encore primitifs par rapport à l'industrie malgré les efforts récents des physiocrates, ne donna lieu qu'à des ensembles iconographiques conventionnels, à peine plus précis que les gravures des dictionnaires d'économie domestique fort répandus au XVIIIe siècle, et en tout cas moins fouillés que certaines gravures utopistes de machines agricoles du siècle précédent. En revanche,

Les planches de l'*Encyclopédie* témoignent mal du phénomène nouveau de la montagne comme mythe littéraire. Un simple entassement de rochers rendu plus grossier encore par le peu d'habileté de la gravure sert seulement à rendre visibles des anecdotes géologiques.

dans des décennies où l'on découvre par Rousseau et l'école suisse du paysage dessiné ou peint le pittoresque de la montagne, les planches consacrées à la minéralogie sur des articles rédigés par le baron d'Holbach, spécialiste en ces matières autant qu'en pamphlets antireligieux, montrent une recherche de la sensation et une quête de fantastique sans doute renforcée par la maladresse des graveurs à rendre les puissants jeux visuels de la Terre en gestation géologique. Le théâtre de la nature vaut bien celui que l'homme a créé et qui forme aussi une section

Au même moment se développe en Suisse une école qui peint la montagne. Les Anglais en ont été les initiateurs. L'art français continuera de représenter des paysages de fantaisie ou idéalisés.

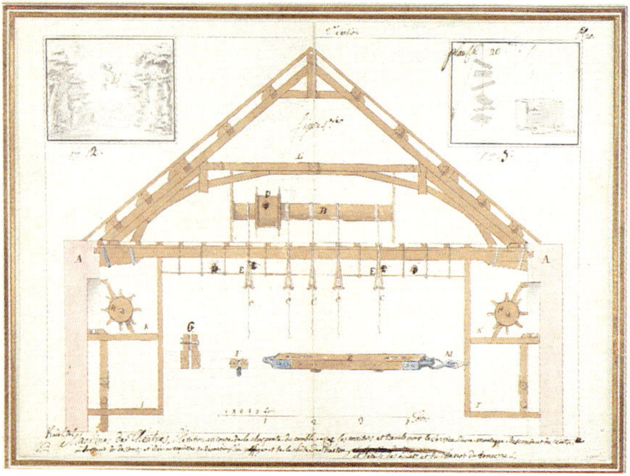

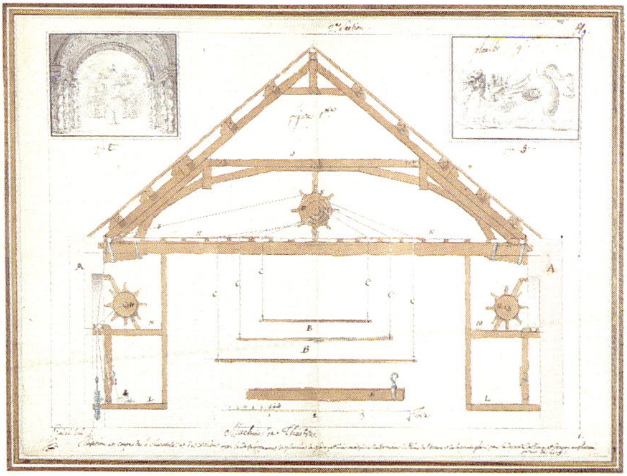

L'architecture et la technologie théâtrales connurent leur apogée au XVIIIe siècle avec de grandioses réalisations comme le théâtre Gabriel à Versailles ou le Grand Théâtre de Bordeaux par Louis. La complexité des décors et des machines dans l'opéra baroque, le goût général du spectacle développèrent toutes sortes de technologies qui furent parfois utiles ailleurs. On conserve les dessins de Radel pour l'*Encyclopédie.* Ceux de Lucotte pour l'article Tireur d'or montrent que si l'énergie qui fait mouvoir les machines vient encore essentiellement de la force humaine, les outils techniques ont atteint leur perfection spécialisée.

particulièrement célèbre des volumes de planches. On y trouve, en «écorché», les plans des théâtres les plus illustres, les machines d'opéra aux mystères enfin étalés, toutes les techniques qui du faux font le vrai au théâtre. Naguère, Fontenelle comparait l'univers à une scène de théâtre avec ses machines, ses «ficelles» et ses poulies. Le squelette des planches d'anatomie prend la pose et s'active à de très humaines occupations, comme de s'appuyer sur une bêche qui lui servira à s'ensevelir lui-même. Dans le monde de l'*Encyclopédie*, la théâtralisation du réel atteint son plus absolu degré de perfection.

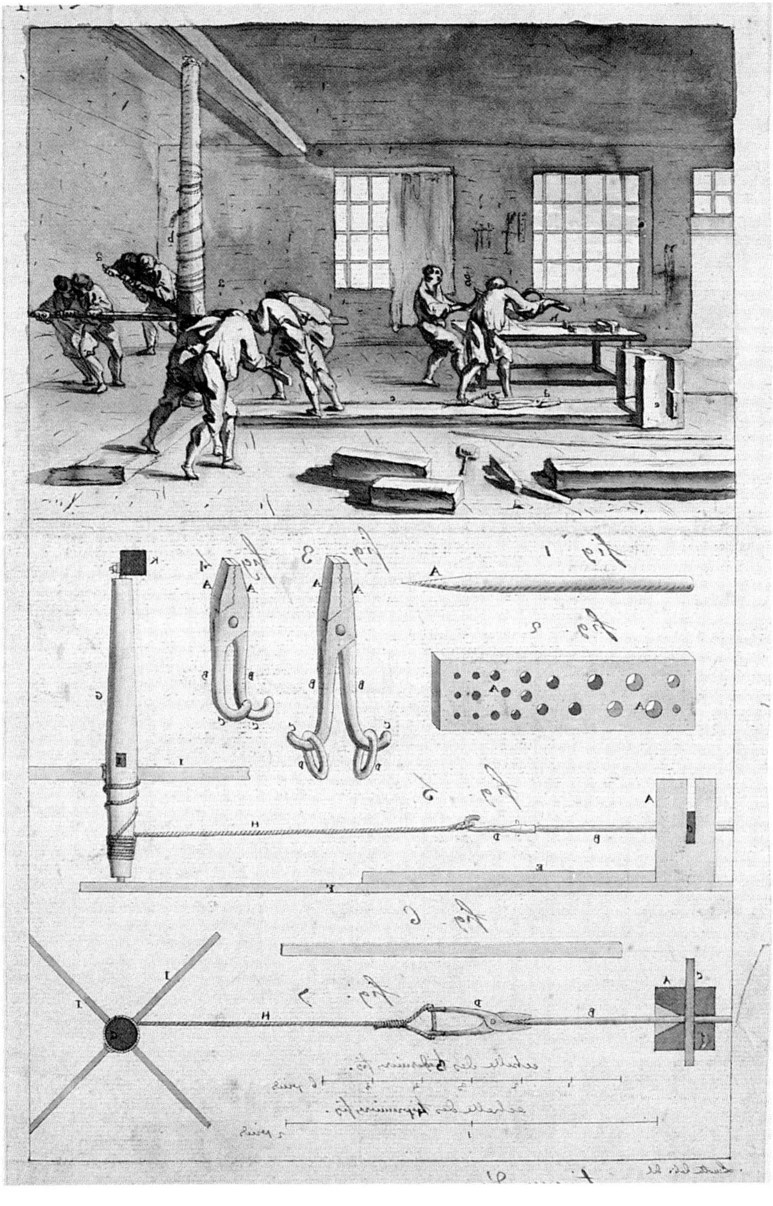

Têtes d'anges, par Raphaël

La grande tradition des arts n'est pas absente de l'*Encyclopédie* qui prône en ce domaine un académisme peu progressiste. L'art est pour l'essentiel imitation de la «belle nature», réalité choisie dont la théorie avait été faite par l'abbé Batteux dans *Les Beaux-Arts réduits à un même principe* (1746), c'est-à-dire le bon goût. Dans cette perspective, Raphaël passait dans les milieux de l'Académie de peinture pour le modèle parfait. L'*Encyclopédie* fournit ses dessins en guise d'exemple suprême de l'excellence artistique, dont deux «têtes d'anges» de profil qui se trouvaient alors dans la collection parisienne de P.-J. Mariette, d'où le graveur B.-L. Prévost en tira copie.

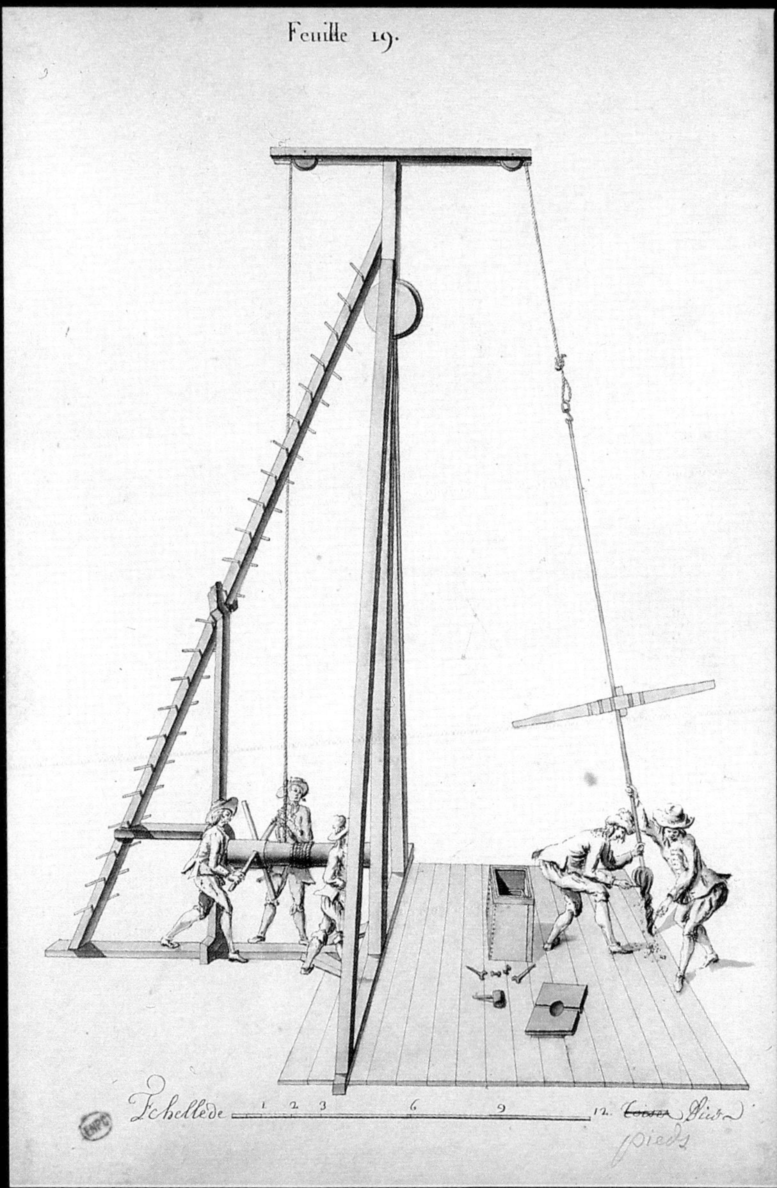
Feuille 19.
Echelle de 1 2 3 6 9 12. ~~Toises~~ Pieds
pieds

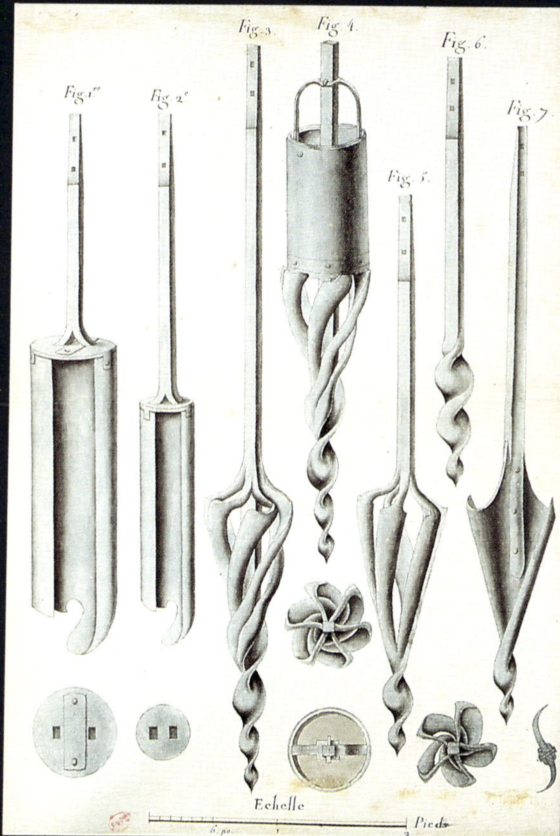

La fontaine de Drancy

Un mémoire de douze feuilles «sur les opérations faites pour forer la fontaine du fort Saint-François» accompagne ces dessins. Une note manuscrite indique qu'il est communiqué à Perronet dans le courant d'août 1742, avec la «permission d'en prendre copie pour lui seulement». La copie qui en est faite est remise à Diderot ou à un rédacteur de l'*Encyclopédie*, car le texte du mémoire est intégralement repris dans l'article Sonde de terre. Les sept instruments, principalement les tarières, représentées avec précision de profil et de face, servent au forage de la fontaine. Ce dessin a servi de base aux planches dessinées par Goussier.

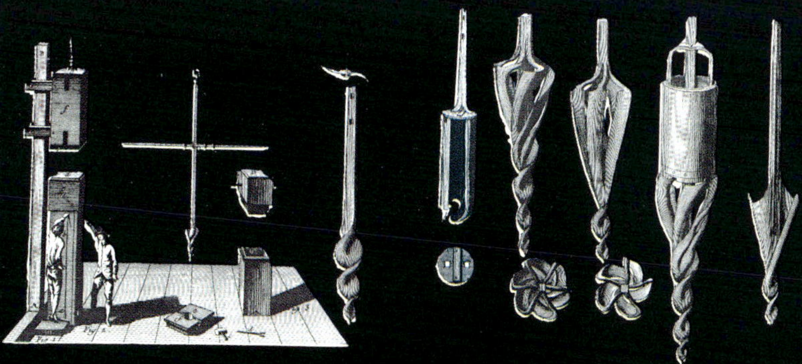

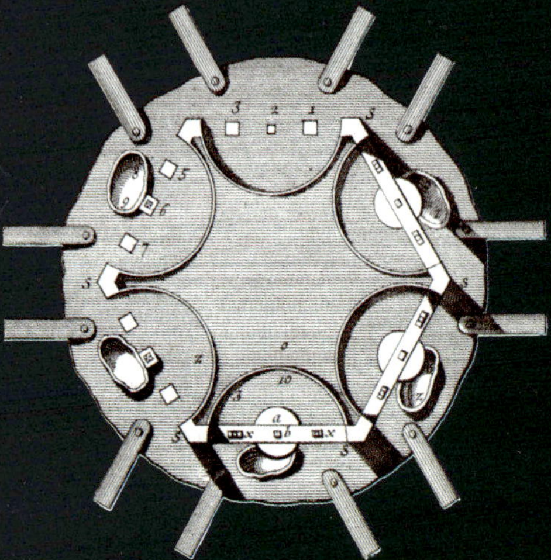

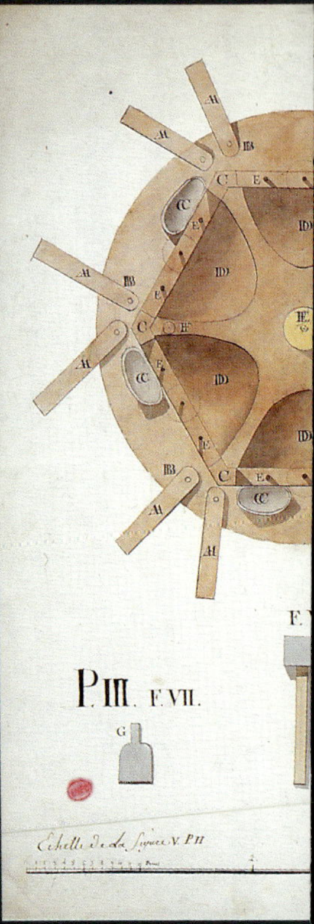
P. III. F. VII.
G
Echelle de la figure V. P. II

fig. 3
fig. 5

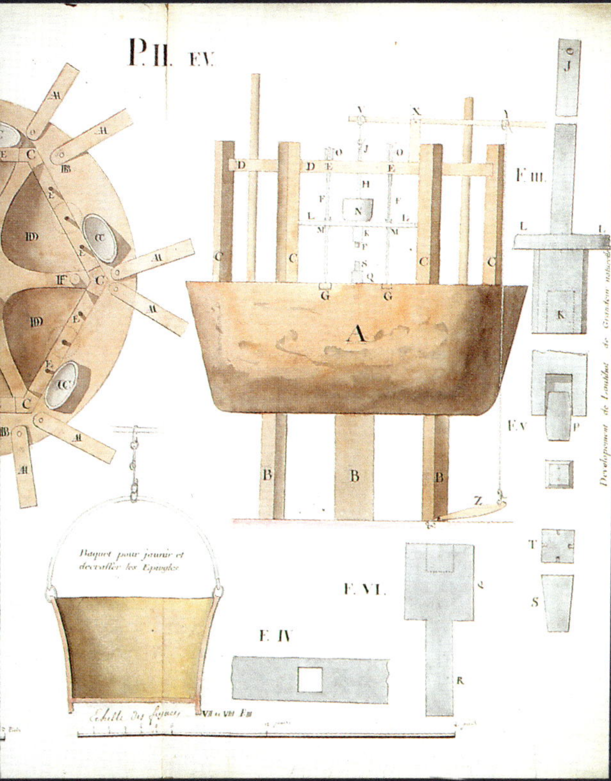

L'art de l'épinglier

En 1740, J.-R. Perronet avait rédigé sur l'industrie des épingles de laiton fabriquées dans l'ouest de la France un mémoire qu'il prêta à son ami Diderot, le 20 juillet 1760. Ce texte est passé presque sans changement dans l'explication des planches pour l'article Epinglier. On y a ajouté une autre «description» tirée des archives de Réaumur à l'Académie des sciences. Goussier copia les dessins en les adaptant et en les contaminant par d'autres sources gravées ou dessinées. On mesure par cet exemple exceptionnellement documenté la complexité des travaux des rédacteurs et des graveurs, en même temps que leurs pratiques singulières : la source du procès en plagiat des planches est là.

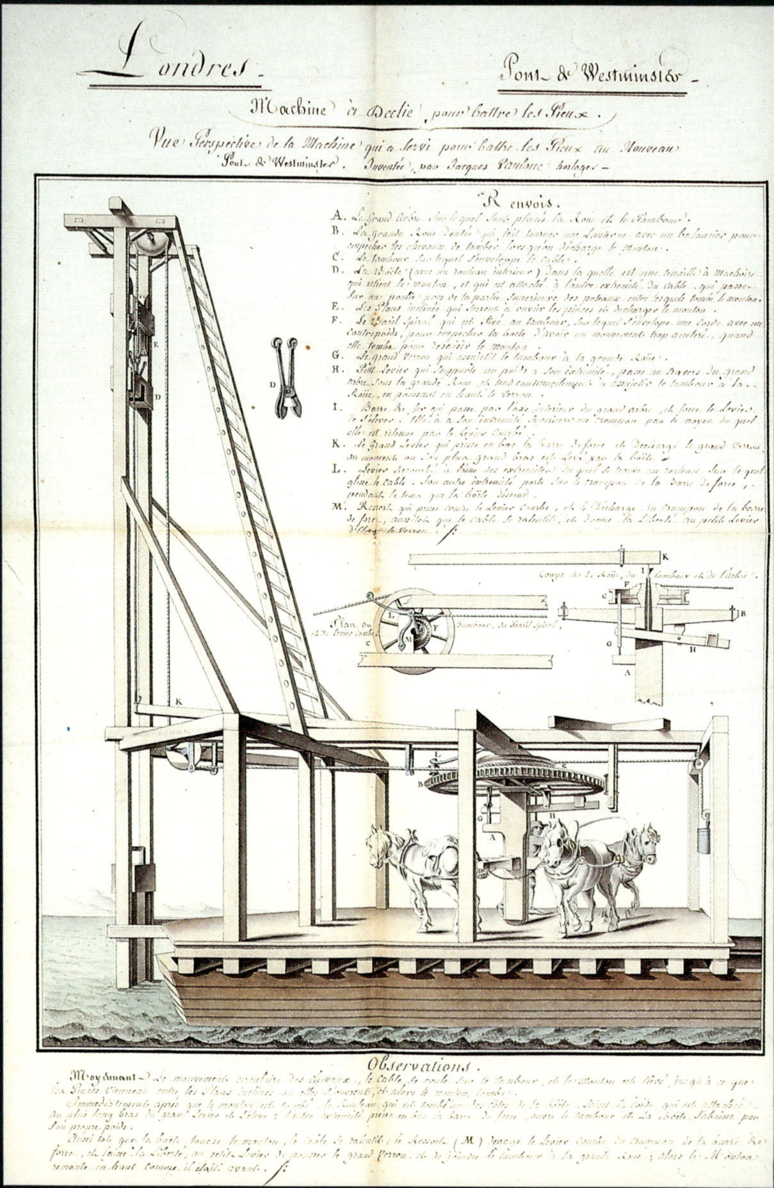
Londres.
Pont de Westminster.
Machine à Declie pour battre les Pieux.
Vue Perspective de la Machine qui a servi pour battre les Pieux au Nouveau Pont de Westminster. Inventée par Jacques Vauloue horloger.
Renvois.
A. Le Grand Arbre sur lequel sont placés la Roue et le Tambour.
C. Le Tambour sur lequel s'enveloppe le Cable.
E. Les Plans inclinés qui servent à ouvrir les pinces et decharger le mouton.
A
B
C
D
E
F
G
H
I
K
L
M
Observations.

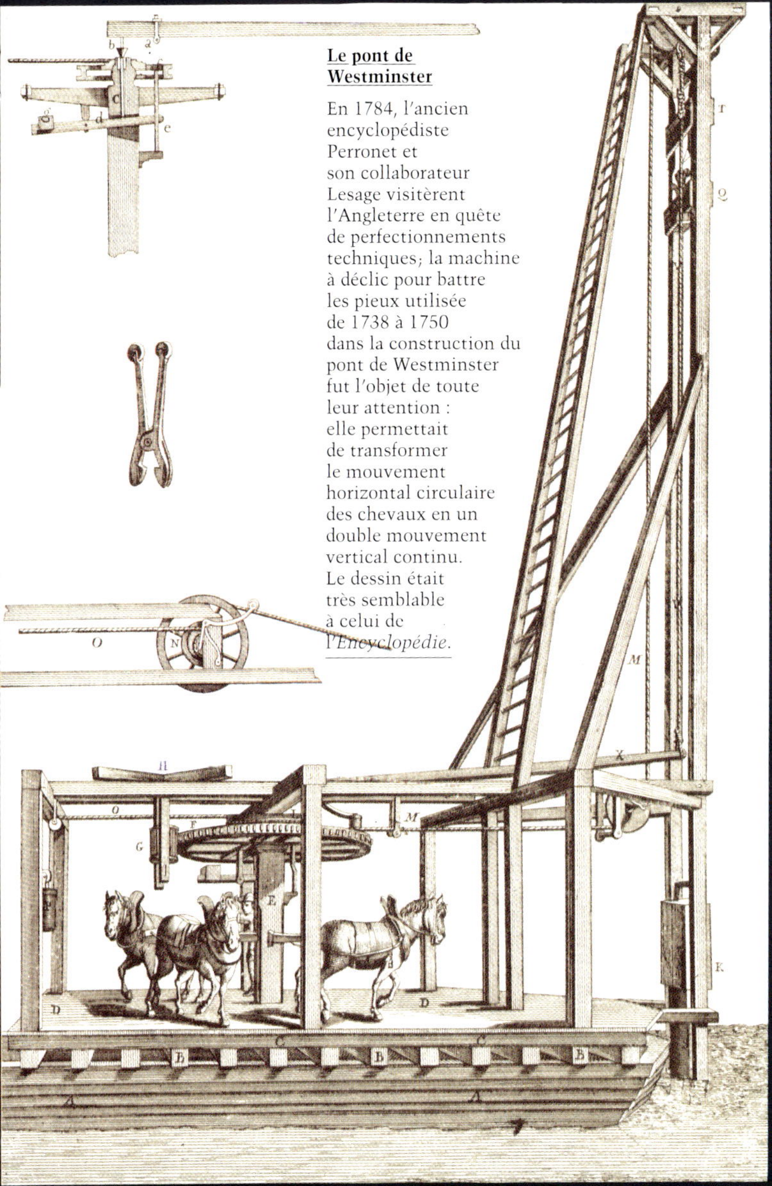

Le pont de Westminster

En 1784, l'ancien encyclopédiste Perronet et son collaborateur Lesage visitèrent l'Angleterre en quête de perfectionnements techniques; la machine à déclic pour battre les pieux utilisée de 1738 à 1750 dans la construction du pont de Westminster fut l'objet de toute leur attention : elle permettait de transformer le mouvement horizontal circulaire des chevaux en un double mouvement vertical continu. Le dessin était très semblable à celui de l'*Encyclopédie*.

Tout ce que les dessinateurs de l'*Encyclopédie* avaient pris au domaine public, au Cabinet du roi, futur cabinet des Dessins du musée du Louvre, aux fonds gravés de la Bibliothèque du roi, aux volumes annuels de *Mémoires* publiés par l'Académie des sciences, comme à la *Description des arts et métiers* compilée jusqu'à sa mort en 1757 par Réaumur pour la même Académie et qui restait du domaine du réservé, tout cela fut digéré dans la grande mise en scène de Goussier et de ses collaborateurs. Celui-ci donna à l'ensemble un style propre en révisant la totalité des planches.

L'intérêt pour les horloges s'est accru au XVIIe siècle dans les milieux intellectuels ou savants, en même temps que le développement des théories sur l'Univers.

Le style de Goussier s'accorde on ne peut mieux avec l'esprit de l'«Encyclopédie»

Dictionnaire et planches traitent à égalité les arts libéraux et les arts mécaniques. Le *Prospectus* s'en explique : «Le peu d'habitude qu'on a d'écrire, et de lire des écrits sur l'art, rend les choses difficiles à expliquer d'une manière intelligible. De là naît le besoin de figures. On pourrait démontrer par mille exemples qu'un dictionnaire pur et simple de langue, quelque bien qu'il soit fait, ne peut se passer de figures sans tomber dans des définitions obscures et vagues; combien donc à plus forte raison ce secours ne nous était-il pas nécessaire? Un coup d'œil sur l'objet ou sur sa représentation en dit plus qu'une page de discours.» L'article Art revient avec insistance sur la nécessité de faire la théorie et l'histoire des arts libéraux autant que des arts manuels. L'article insiste sur le profit purement philosophique qu'on doit attendre d'un traité des arts bien fait, sur l'avantage en retour que les arts pourront tirer d'une réflexion rationnelle bien conduite à leur sujet. A nouveau, on ne saurait mieux l'exprimer que Diderot lui-même : «Dans quel système de physique ou de métaphysique remarque-t-on plus d'intelligence, de sagacité, de conséquence, que dans les machines à filer l'or, faire des bas et dans les métiers de passementiers, de gaziers, de drapiers ou d'ouvriers en soie? Quelle démonstration de mathématiques est plus compliquée que le mécanisme de certaines horloges?

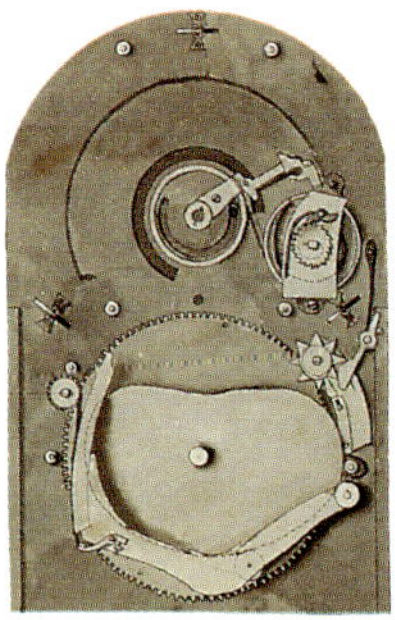

La pendule inaugure une ère nouvelle marquée par la réalisation d'instruments de haute précision.

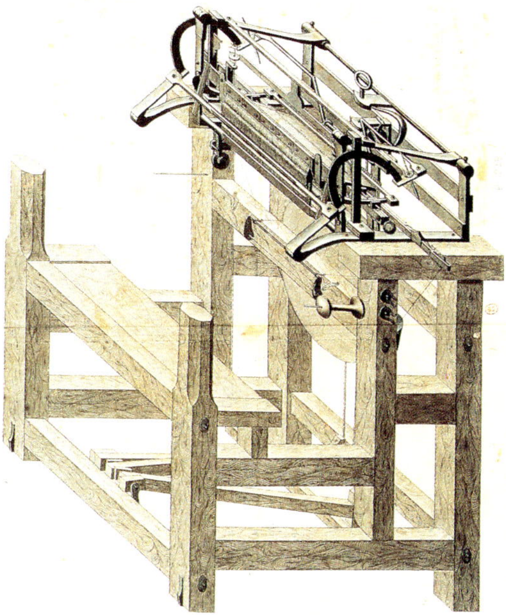

«Je ne me suis pas mis en peine de m'informer si M. Diderot avait fait une description exacte du métier à faire des bas et des différentes manières de tailler une chemise : mais je me suis arrêté à considérer quelle idée l'*Encyclopédie* me donnait de l'homme, de sa nature, de sa fin, de ses devoirs et de son bonheur», écrit Chaumeix dans ses *Préjugés légitimes.* L'article Bas était en effet de Diderot, et l'illustration prise d'un livre emprunté par le philosophe à la Bibliothèque du roi. La partie technique de l'*Encyclopédie* servait-elle de masque rassurant à une idéologie de la rupture?

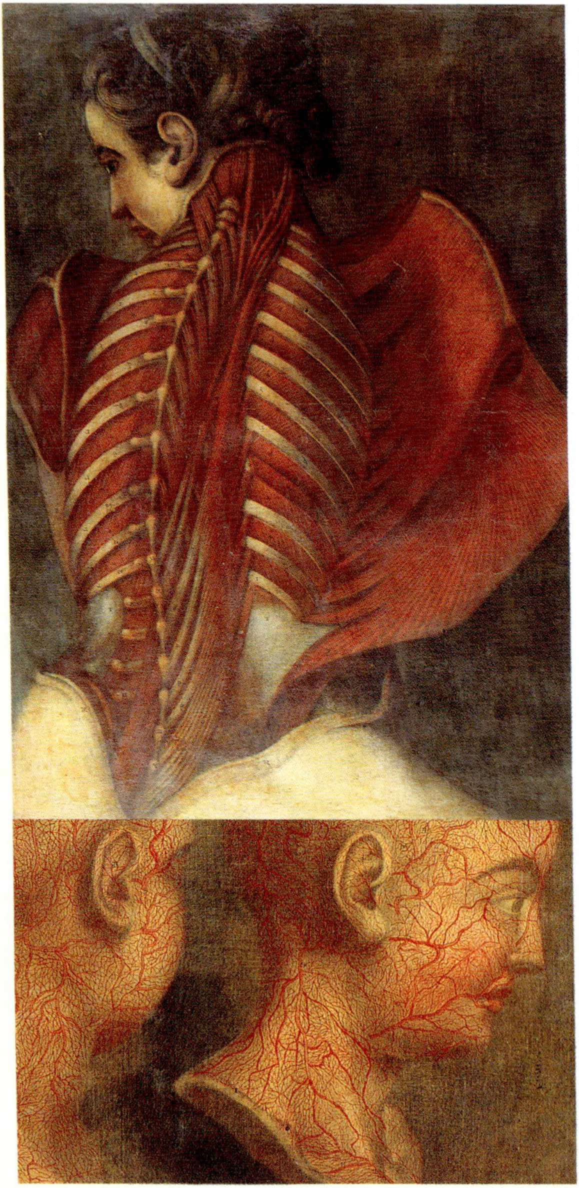

Inventeur de la gravure colorée pour les planches anatomiques, J.-F. Gautier Dagoty publia dans les années qui précédèrent l'*Encyclopédie* des séries sur le pharynx et sur la tête. En 1748, il donna une *Anatomie complète.* Le succès aidant, il créa un journal illustré consacré à ces questions très spécialisées, mais qui attiraient, par le caractère de ses gravures, un public assez vaste. Ses fils l'aidèrent dans cette tâche étrange dont on retrouve un net souvenir dans l'*Encyclopédie.*

Pour Diderot, comme pour Goussier, l'univers est un grand livre ouvert parfaitement déchiffrable

Il suffit de savoir le lire. Tout y est signe, tout y est ouvert, donné à voir. La systématisation des coupes, dans les gravures, atteste cette volonté de limpidité, cette conviction que l'Univers est lisible. Les murs des manufactures, des boutiques, des ateliers sont abattus. Des coupes sont ouvertes dans les entrailles de la Terre, dans les viscères des machines. Les gestes de l'ouvrier sont décomposés. L'homme lui-même en son anatomie est pelé comme un fruit. Le *Recueil de planches* est à cet égard l'utopie la plus parlante d'un siècle qui a cru en la transparence de l'Univers. Transparence qui, si elle est une illusion, n'en donne pas moins à rêver. Ainsi Roland Barthes n'était-il pas loin de voir dans le *Recueil* une sorte d'empire poétique : un ours, une étoffe, un arbre dans la planche d'anatomie, un «horrible monstre, carapaçonné de plaques de bronze», dans celle agrandie de la puce. Une telle lecture, possible aujourd'hui grâce au surréalisme, était impensable au temps des encyclopédistes.

L'*Encyclopédie* n'eut pas la moindre velléité de choquer par des gravures qui étaient alors réservées aux praticiens. Mais on peut les «lire» d'une autre manière comme un écorché physiologique de la nature humaine. Toute idée métaphysique est absente de ces fragments de chair.

En ce début des temps modernes où le capitalisme se cherche, le monde des affaires, s'il est encore artisanal, n'en est pas moins impitoyable. D'entreprise de l'intelligence, puisqu'il s'agit bien de la diffusion des Lumières, l'«Encyclopédie» se mua peu à peu en une colossale entreprise commerciale. Les enjeux intellectuels étaient considérables, les profits le furent aussi…

CHAPITRE IV
UNE MAGNIFIQUE ENTREPRISE COMMERCIALE

L'édition du XVIIIe siècle s'oriente de plus en plus vers les petits formats maniables, destinés à une clientèle souvent féminine. L'*Encyclopédie* in-folio ne va pas dans cette direction, mais ses volumes de planches avec explications permettent de la consulter agréablement.

On imagine mal aujourd'hui les difficultés qu'il y avait à faire un livre à une époque où, dans l'industrie, toute la force mécanique venait des chutes d'eau ou du vent, et dans les métiers du livre de la seule force musculaire des pressiers. Les grands libraires parisiens, nos modernes éditeurs, étaient rarement imprimeurs; ils confiaient leurs travaux à des ateliers qui ne comportaient jamais plus de quelques presses. La forme typographique en plomb était réalisée par des compositeurs qui la donnaient ensuite aux pressiers chargés d'en faire le tirage, feuille par feuille, recto puis verso, sur un papier légèrement mouillé pour accroître la prise d'encre. Après cela, sous le contrôle du prote (contremaître), les feuilles étaient séchées, pliées, coupées et mises au format du livre. Puis intervenaient les relieurs, une autre corporation très jalouse de ses privilèges.

Le tirage des estampes était un métier distinct de celui de la gravure. Sur les épreuves des planches, on trouvait généralement le nom du dessinateur suivi de *delineavit* ou *invenit* (en latin : «dessina» ou «créa»), celui du graveur (avec *sculpsit* : «grava») et celui du marchand-imprimeur en taille douce (avec *excudit* : «édita»). Comme les livres, les estampes étaient protégées par des privilèges.

Si l'«Encyclopédie» fut avant tout une aventure intellectuelle, ce fut aussi la plus grande entreprise éditoriale depuis Gutenberg

Contrairement au bois travaillé en taille d'épargne (relief) qui permettait d'imprimer d'un seul coup de presse le texte typographique en plomb et les ornements de bois (bandeaux, culs-de-lampe, etc.), le cuivre, utilisé généralement dans les métiers du livre depuis le XVIIe siècle, se gravait en creux, à l'eau-forte reprise au burin pour approfondir l'empreinte du dessin et permettre ainsi de gros tirages rendus nécessaires par l'industrialisation de la profession. Ces planches étaient tirées sur des presses spéciales à gravure en creux par une autre corporation, celle des imprimeurs d'estampes. Les gravures étaient soit ajoutées au texte à l'occasion du brochage (hors-textes), soit imprimées sur des feuilles qui recevaient par la suite sur une nouvelle presse le texte typographique (in-textes). On mesure la complexité des manipulations et la lenteur de la fabrication. Les ouvriers imprimeurs étaient payés au rendement et le fracas des presses résonnait du matin au soir, même le dimanche, dans les rues qui entouraient la Sorbonne, au Quartier latin. L'*Encyclopédie* se présente sous l'aspect in-folio de

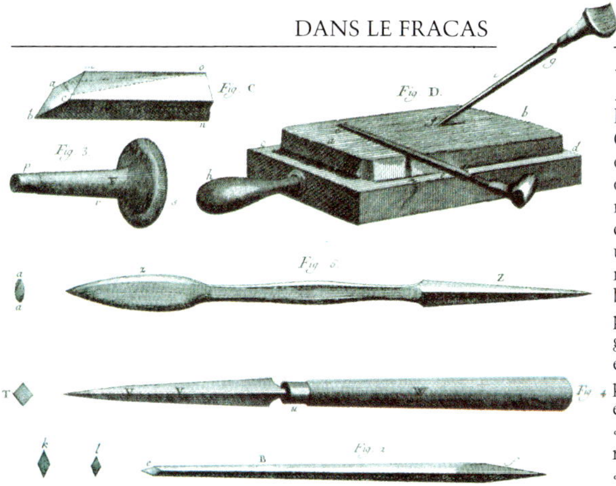

La première tâche consistait à aplanir les planches de cuivre. On les travaillait avec divers outils pour obtenir les effets recherchés : burins carrés qui donnaient une taille large et reproduisaient les gris; burins en losange; et pour terminer la gravure : grattoirs, ébarboirs, brunissoirs, poinçons, etc. La presse était composée de deux «jumelles», montants reliés en bas par un «sommier» et posés sur des pieds.

dix-sept volumes de *Discours* à deux colonnes par page et de onze volumes de planches fournis entre 1751 et 1772, à quoi l'on peut ajouter les *Suppléments* édités par le libraire Panckoucke entre 1776 et 1780, soit, dans le même format, quatre volumes de *Discours*, deux de table générale et un volume de planches.

Où la finance intervient : histoire d'une spéculation fructueuse

Voltaire, qui savait compter, estime que l'*Encyclopédie* rapporta aux divers libraires qui s'en chargèrent ici ou là un produit financier de plus de 7 millions et demi de livres, chiffre qui dépassait, selon lui, le commerce que la France entretenait avec les «deux Indes». Pendant vingt-cinq ans, elle fit vivre au moins mille ouvriers et travailler cent cinquante collaborateurs outre les codirecteurs. Quatre mille souscripteurs soutinrent financièrement le projet. La souscription de 280 livres, réglable par fractions, correspondait en gros au salaire annuel d'un ouvrier parisien. Ce colosse aux pieds d'argile était la grande entreprise industrielle qu'une France encore rurale et frileuse pouvait offrir à l'admiration de l'Europe civilisée.

De la simple traduction augmentée de Chambers, le projet prit bientôt, grâce au succès de la souscription, mais surtout par la mégalomanie qui saisit parfois l'édition et par la volonté des rédacteurs dont la copie est toujours plus abondante que prévu, une ampleur qui la mena de cinq volumes et cent trente planches en 1745 à vingt-huit volumes dans la version définitive (1751-1772) ou, même, à trente-cinq si l'on y joint les *Suppléments* du libraire Panckoucke (1776-1780). L'intérêt des libraires

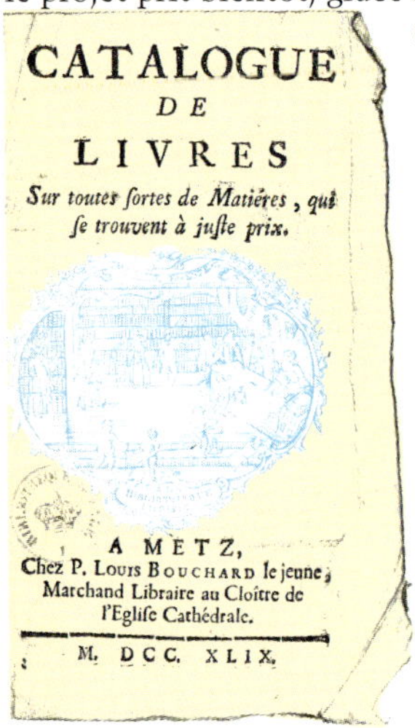
CATALOGUE
DE
LIVRES
Sur toutes sortes de Matières, qui se trouvent à juste prix.
A METZ,
Chez P. Louis Bouchard le jeune, Marchand Libraire au Cloître de l'Eglise Cathédrale.
M. DCC. XLIX.

Sous l'Ancien Régime, la notion de «libraire» recouvre à la fois celle d'éditeur et celle de marchand de détail. Le libraire vendait ses propres «sortes» (sa production) et les livres édités par ses confrères. Il distribuait des catalogues de nouveautés.

associés étant de solder rapidement une opération dont les frais financiers étaient considérables, ils prévoyaient de publier deux volumes par an et quatre pour le dernier. Si le contrat avait été respecté, l'*Encyclopédie* aurait été complète et les souscripteurs satisfaits à la fin de 1754.

La campagne de souscription se présentait d'ailleurs sous les meilleurs auspices. Le tirage du premier volume, prévu initialement à 1625 exemplaires – chiffre important pour l'époque –, fut porté in extremis à 2500 en juin 1751. Les libraires en

Le tableau célèbre du peintre liégeois Defrance représente l'extérieur de la boutique d'un libraire. On remarque les affiches publicitaires pour les œuvres des philosophes français. C'est à Liège qu'on publia le *Journal encyclopédique* de 1756 à 1759.

CONDITIONS PROPOSÉES AUX SOUSCRIPTEURS.

sera imprimé sur le même Papier & avec les mêmes Caracteres que le présent Projet. Il aura dix Volumes in-folio, dont huit de matiere, de deux cens quarante feuilles chacun ; & six cens Planches en taille-douce, avec leur Explication, qui formeront les Tomes IX. & X.

On ne sera admis à souscrire que jusqu'au premier Mai 1751 ; & l'on payera en souscrivant . . . . . 60 liv.

En Juin 1751. . . en recevant	le premier Volume	36 liv.
En Décembre suivant	le second Volume	24
En Juin 1752.	le troisiéme Volume	24
En Décembre suivant	le quatriéme Volume	24
En Juin 1753.	le cinquiéme Volume	24
En Décembre suivant	le sixiéme Volume	24
En Juin 1754.	le septiéme Volume	24
En Décembre suivant	le huitiéme Volume, avec les six cens Planches en taille-douce qui formeront les Tomes IX. & X.	40
	TOTAL	280 liv.

Les Souscripteurs sont priés de retirer les Volumes à mesure qu'ils paroîtront, & tout l'Ouvrage un an après la livraison du dernier Volume. A faute de quoi, ils perdront les avances qu'ils auront faites ; c'est une clause expresse des conditions proposées.

Ceux qui n'auront pas souscrit, payeront les Volumes à raison de vingt-cinq liv. chacun en feuille, & les six cens Planches à raison de cent soixante-douze livres ; ce qui formera une somme de . . . . . 372 livres.

☞ Dans le cas où la matiere de cet Ouvrage produiroit un Volume de plus, les Souscripteurs payeront ce Volume sept livres de moins que ceux qui n'auront pas souscrit.

Pour les grands projets d'édition, il était traditionnel de lancer une souscription, et parfois d'en respecter les conditions…
Le *Prospectus* de l'*Encyclopédie* témoigne du genre de clientèle recherchée : les amateurs de beau papier, d'objets raffinés et de gravures, les «bibliothécomanes», bref la nouvelle aristocratie de l'argent qui voulait «meubler» ses bibliothèques.

Autrefois, on posait les livres sur les plats et on les voyait par la tranche qui portait parfois le titre de l'ouvrage inscrit à l'encre. La présentation par le dos va développer la reliure et la dorure. Au XVIIIe siècle, les meubles-bibliothèques se développent : comme pour les tableaux, on protège les livres de la lumière par des rideaux. La bibliophilie devient un aspect du goût pour les objets rares.

profitèrent pour allonger de trois mois le délai de souscription et augmentèrent celle-ci de 36 livres ! L'affaire paraissait magnifiquement engagée. Au printemps de 1752, les souscriptions atteignaient le chiffre de 2000 et les entrepreneurs se répartirent les premiers bénéfices, soit 30000 livres. Le chiffre du tirage progressait au fil des tomes ; on réimprimait les premiers volumes, jusqu'à trois tirages pour les tomes I et II. Dès la sortie du tome IV en octobre 1754, le tirage combiné de la série était de 4200 exemplaires. En novembre 1757, les souscriptions étaient au nombre de 4000 et rattrapaient le chiffre du tirage. Allait-il falloir envisager une nouvelle réédition des premiers volumes pour suivre la progression des ventes ? Depuis 1754, l'opération s'était avérée largement bénéficiaire pour les Associés ; on estime alors le solde positif d'exploitation à plus de 270000 livres.

Au plus fort du succès, un arrêt royal vient freiner la marche triomphale de l'«Encyclopédie»

Près de fournir le huitième prévu par le contrat de souscription, les Associés décidèrent tout à trac de forcer la chance en proposant à l'automne 1757 un avenant au contrat primitif. L'*Encyclopédie* comporterait dès à présent des tomes supplémentaires par rapport à ce qui était prévu; on n'en précisait pas le nombre, par prudence; on conduisait les souscripteurs dans une direction qu'ils n'avaient sans doute pas envisagée, mais qui

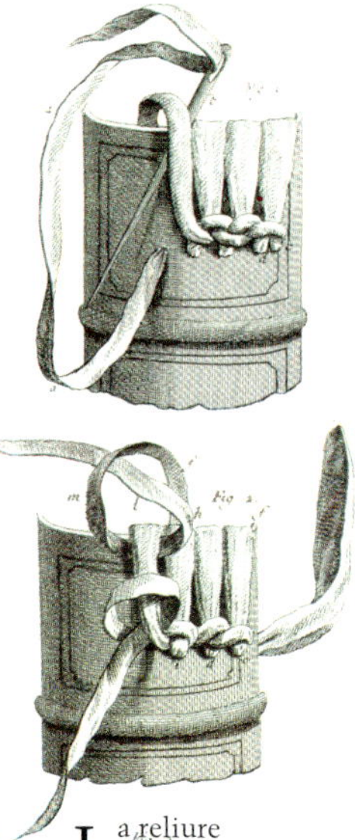

La reliure française domine l'Europe des Lumières. On l'imite jusqu'en Russie. De grands noms comme Derôme ou Dubuisson font la gloire des relieurs et des doreurs parisiens.

ne pouvait pas leur déplaire, satisfaisait le sens commercial des libraires et peut-être aussi la boulimie des rédacteurs. Chaque volume nouveau était proposé à 24 livres, 70 livres étaient demandées pour deux tomes de planches surnuméraires. L'accueil des souscripteurs fut très encourageant.

C'est peu après qu'un bouleversement majeur dévia l'entreprise vers une solution d'attente. La révocation de privilège qui s'abattit brutalement sur l'*Encyclopédie* en mars 1759 n'avait rien à voir avec la marche commerciale de l'entreprise, mais venait du contenu des volumes précédents et de ce que l'on soupçonnait des suivants. Des contacts furent pris pour imprimer à l'étranger, en Suisse, en Hollande et en Prusse, où Frédéric II essayait depuis longtemps d'attirer les encyclopédistes.

Les libraires décidèrent de proposer aux souscripteurs de l'*Encyclopédie* défunte un simple et apparemment candide *Recueil de planches sur les sciences, les arts libéraux et les arts mécaniques avec leur explication,* fondé sur les volumes gravés qui leur restaient en magasin. Cela leur permettait d'échapper à l'arrêt du Conseil du roi pris le 21 juillet qui leur enjoignait de rembourser 72 livres de trop-perçu à chacun des souscripteurs.

La Hollande bénéficiait de trois avantages déterminants dans les métiers du livre : une technologie de pointe, un sens aigu du commerce et surtout une liberté presque totale de la presse. Ce que la France ne pouvait imprimer trouvait un débouché normal dans les Pays-Bas, surtout depuis que les huguenots français y prospéraient. A gauche : les librairies de François l'Honoré et de Jacques Desbordes, libraires huguenots d'Amsterdam spécialisés dans les contrefaçons et les ouvrages interdits en France. Desbordes publia l'édition originale des *Lettres persanes.*

Interdite en France, la fabrication de l'«Encyclopédie» se poursuit... sous le manteau

Dès 1759, les Associés ont mis secrètement en fabrication les dix derniers volumes de *Discours* : ils parurent en 1765. Selon la recherche actuelle, ils auraient pu faire effectuer le travail à Trévoux, dans la principauté de Dombes, près de Lyon, quelques lieues carrées autonomes bénéficiant d'une espèce d'exterritorialité qui y avait attiré des libraires parisiens désirant imprimer sous le couvert du prince de Dombes.

Officiellement, les libraires parisiens poursuivaient l'impression des volumes de planches de la *Description des arts.* Pour chacun des quatre volumes prévus, ils demandaient 72 livres aux souscripteurs nouveaux et une somme moindre aux anciens souscripteurs de l'*Encyclopédie.* Affaire profitable, on s'en doute, aux libraires, et peut-être aux auteurs. Dans un entretien avec Catherine II, en 1773, Diderot estimera les rentrées financières des Associés à «plus de quatre millions» et leur bénéfice à «deux millions cinq cent mille francs». «Et ils en conviennent», ajoutera-t-il. Les quelques archives conservées confirment en gros ces chiffres. Ayant négocié pied à pied au cours de cinq contrats successifs avec les Associés – le premier lui accordait en tout et pour tout 7200 livres –, Diderot toucha lui-même 80000 livres, soit près de 4000 par an, un très honnête revenu bourgeois, mais dont les frais, divers et importants, doivent être déduits. Estimée à 50000 livres lors de son mariage en 1751, la fortune de Le Breton était, elle, d'un million et demi à son décès.

Autocrate en Russie, Catherine, la «Sémiramis du Nord», tenta, parfois avec succès, de remplacer Frédéric II dans le cœur des philosophes français.

Comme ses confrères parisiens, Panckoucke savait faire imprimer à l'étranger ou dans des régions à statut spécial de la France d'Ancien Régime. Les jésuites, dans la communauté de Dombes, y firent installer une importante imprimerie.

Le libraire Panckoucke se lance dans le combat et se substitue aux premiers entrepreneurs

C'est à cette date de 1772 que s'arrête la véritable aventure de l'*Encyclopédie.* Diderot ne participa en rien aux volumes supplémentaires, même si son nom y fut associé pour des motifs publicitaires. Dès 1768, il déconseillait au libraire Panckoucke d'en entreprendre la réédition, car l'original était, selon

SOUVERAINETÉ DE DOMBE
MACONNOIS
BRESSE
PONT DEVEILE
TOISSEI
CHATILLON
CHATELLENIE DE MONTMERLE
MONTMERLE
DE VILLENEUVE
VILLE NEUVE
CHATELLENIE DAMBERIEU
CHATELLENIE DE BEAUREGARD
CHATELLENIE DE TREVOUX
TREVOUX
FRANC LIONNOIS
VILARS
MARLIEU
CHATELARD
NEUVILLE
S.T TRIVIER
80
85

Malgré les difficultés qu'il eut avec Diderot, Panckoucke voulut toujours maintenir la fiction d'une filiation entre sa *Méthodique* et l'*Encyclopédie.* Le frontispice qu'il fit graver pour son ouvrage va dans ce sens. Les médaillons des deux directeurs sont entourés de ceux de leurs collaborateurs les plus illustres, Voltaire, Rousseau, Buffon, etc., mêlés aux rédacteurs de la *Méthodique* : Necker, Roland de la Platière, Condorcet, etc.

Installé à Paris en 1762 après un bref apprentissage chez Le Breton, Panckoucke bénéficiait aussi de hautes protections dans le gouvernement. En 1768, il était le libraire officiel de l'Imprimerie royale et de l'Académie royale des Sciences. Et en passe de devenir la personnalité dominante de la presse française.

lui, gravement fautif. Et cependant, en décembre de la même année, Panckoucke rachetait pour 200000 livres aux Associés les cuivres gravés de l'*Encyclopédie;* il avait déjà pris contact avec Voltaire qu'il souhaitait voir diriger la nouvelle édition révisée. Celui-ci lui répondit favorablement, en notant cependant : «Songez surtout qu'il faut retrancher plutôt qu'ajouter à cette *Encyclopédie.* La rage du bel esprit est incompatible avec un bon dictionnaire.»

D'une famille de libraires lillois, Panckoucke avait créé à Paris un groupe éditorial qui fondait sa puissance sur la presse. Au moment de la Révolution, sa maison était la plus prospère et la plus tentaculaire

L'histoire de l'*Encyclopédie méthodique* reste à faire. En 1782, Panckoucke, qui se qualifie de seul «entrepreneur» du projet, lance une souscription pour cinquante volumes in-quarto : «texte excellent, format commode, édition correcte et bon marché», selon son «slogan» publicitaire. Il pensait que les sciences et les techniques avaient grandement progressé depuis trente ans et que l'*Encyclopédie* était obsolète. Ci-contre : le volume de 1783 sur les forges.

de la capitale. L'*Encyclopédie* semblait pour lui l'occasion de s'introduire par un coup d'éclat dans le cercle fermé des grands éditeurs parisiens. Ami de Rousseau, de Voltaire et de Buffon, le libraire pensait que sa mission de répandre les Lumières allait de pair avec une diffusion industrielle de cette pensée. Il savait que les exemplaires de l'*Encyclopédie* se vendaient d'occasion plus chers qu'au prix de souscription : il y avait un marché de seconde génération à saisir. «Ce petit Panckoucke, enflé de l'arrogance d'un nouveau parvenu», selon la formule de Diderot dans une lettre datée de 1769 à Sophie Volland, s'employa à le conquérir.

La conquête de l'Europe par l'«Encyclopédie» témoigne du succès commercial de cette aventure éditoriale hors du commun

Destinée à un public aisé qui généralement savait le français, l'*Encyclopédie* connut pourtant quelques traductions ou adaptations étrangères.

Les contrefaçons étrangères commençaient d'envahir le marché. On estime la diffusion de l'*Encyclopédie* à plus de 25000 exemplaires entre 1751 et 1782. La force de Panckoucke fut d'imposer non une réédition mais une nouvelle *Encyclopédie.* La concurrence effrénée que se faisaient les éditions contrefaites amenait à en réduire au maximum le prix, d'où des bénéfices moindres. L'édition «genevoise» in-folio, sans ses *Suppléments,* ne rapporta pas un million de livres de bénéfices aux nombreux investisseurs de l'entreprise, deux fois et demi moins que l'édition parisienne. Mais par le biais du *dumping* éditorial, une nouvelle clientèle avait accès aux idées, même travesties, de l'*Encyclopédie.* Dès 1768, un polygraphe-journaliste parisien, l'abbé Joseph de la Porte, avait présenté en cinq petits volumes, soigneusement expurgés pour complaire à la censure, un *Esprit de l'Encyclopédie ou Choix des articles les plus curieux, les plus agréables, les plus piquants, les plus philosophiques de ce grand dictionnaire,* dont le sous-titre indiquait clairement l'inocuité et en même temps suggérait un peu de soufre.

Panckoucke décida de mener à bien le projet de Diderot; sans Diderot, ni la plupart des premiers rédacteurs. Avec l'aide de concurrents étrangers provisoirement alliés, il publia entre 1776 et 1777 cinq volumes de *Supplément* au *Dictionnaire raisonné* dont un de planches. Parmi les auteurs de ces copieux in-folio qui avaient pour ambition de corriger les articles trop rapidement rédigés de l'*Encyclopédie* et d'en ajouter de nouveaux, on trouvait déjà des collaborateurs de la future *Encyclopédie méthodique* que le libraire parisien méditait. L'*Encyclopédie* de Panckoucke est une autre aventure. Elle se poursuit jusqu'à la Révolution. C'est 201 volumes d'*Encyclopédie méthodique* que le libraire puis son gendre Agasse et sa veuve achevèrent, avec une molle détermination, en 1832.

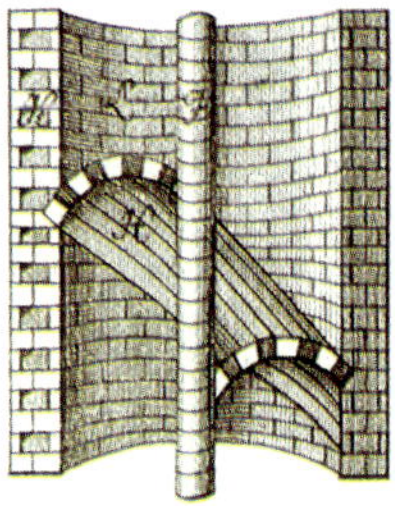

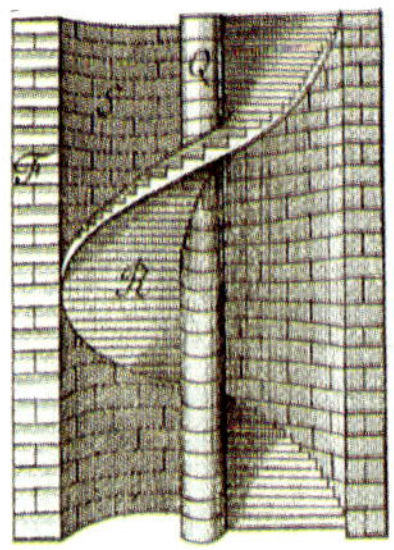

La *Deutsche Encyclopädie* (1807) et l'*Encyclopædia britannica* (deuxième édition, 1778-1783, dix volumes) doivent beaucoup à l'*Encyclopédie.*

ENCYCLOPÉDIE
MÉTHODIQUE,
OU
PAR ORDRE DE MATIÈRES:
PAR UNE SOCIÉTÉ DE GENS DE LETTRES,
DE SAVANS ET D'ARTISTES;

Panckoucke pensait que le principe alphabétique était mauvais. Aussi décida-t-il de diviser son *Encyclopédie méthodique* «en autant de dictionnaires que l'arbre des connaissances humaines a de branches essentielles et capitales». Mais un index général intitulé *Vocabulaire universel* permettait de retrouver n'importe laquelle des notions enfouies dans les volumes de la *Méthodique*. Ce projet était tout différent du *Supplément à l'Encyclopédie* que Panckoucke avait publié quelques années auparavant. Ci-contre : le dessin de Charles de Wailly pour le palais Spinola de Gênes et sa gravure dans le *Supplément*.

La machine à vapeur

Les secrets techniques étaient mal protégés. Des voyageurs indélicats pouvaient s'en emparer; l'Encyclopédie fut aussi une entreprise de documentation à la limite de la légalité parfois. Plus le siècle avança et plus la complexité des procédés et des machines engendra un véritable espionnage industriel. En 1788, lors d'un séjour en Angleterre, l'ingénieur Bétancourt fit le dessin d'une machine à vapeur qui avait résolu le problème du mouvement à induire par le piston : elle était installée dans une minoterie. Il en fit une communication à l'Académie des sciences de Paris et les frères Périer développèrent le procédé en 1790-1791. Watt et Boulton, les inventeurs anglais, avaient été dépossédés de leur découverte.

PROJET D'UN PONT SUR LA SEINE VIS-A-VI
COUPE SUR LA LI

A PLACE DE LOUIS QUINZE

Odometre proposé par le S. Perronet pour servir a faire
travailler a la tâche, les ouvriers employés aux pompes a
chapelets qui servent aux epuisements.

L'odomètre de Perronet

Dans un univers où l'industrialisation des modes de construction commençait à s'affirmer, il développe dès 1752 un odomètre destiné à mesurer le travail des ouvriers employés aux pompes à chapelets : le progrès technique avait de singulières retombées sociales.

Le pont de la Concorde

Jean-Rodolphe Perronet a dessiné (page précédente) puis réalisé quelques-uns des plus beaux ponts du XVIIIe siècle. Il sut utiliser pour cela des techniques nouvelles, auxquelles l'*Encyclopédie* dont il fut un collaborateur n'était pas toujours étrangère. Le pont de la Concorde est son chef-d'œuvre.

Si l'«Encyclopédie» eut quelques puissants amis, elle se trouva surtout affrontée à des forces qui, pour des raisons multiples, rêvaient sa perte. L'ouvrage dérangeait les dévots les plus divers – jésuites, jansénistes ou gallicans –, les pouvoirs – politique, parlementaire –, les jaloux de toute sorte que produit dans la république des lettres le succès d'autrui.

CHAPITRE V
LES FRACAS DE L'«ENCYCLOPÉDIE»

L'Eglise occupa le premier rang dans la lutte contre l'*Encyclopédie*. Certes, de nombreux ecclésiastiques avaient contribué à son élaboration, fût-ce dans des secteurs sensibles comme la philosophie ou l'histoire, mais le vernis technique et scientifique que l'ouvrage se flattait d'avoir ne fit pas longtemps illusion pour les théologiens.

Tout ce qui était officiel et de quelque bord que ce soit fut très vite l'adversaire de l'entreprise encyclopédique : le pouvoir royal, le Parlement et la Sorbonne, sans parler de leur courroie de transmission, la presse dont la haine était encore attisée par les inimitiés d'hommes de lettres.

Chrétien-Guillaume de Lamoignon de Malesherbes est l'une des figures les plus pures du siècle des Lumières : opposant au roi à la Cour des aides, ce grand parlementaire fut le ministre le mieux écouté du jeune Louis XVI.

L'entreprise a cependant un appui officiel, d'autant plus efficace qu'il est discret : Malesherbes

Le futur ministre et défenseur de Louis XVI aimait les lettres – tradition familiale aussi depuis le président Guillaume Ier de Lamoignon, protecteur de Boileau –, il était l'ami de Rousseau qui lui destina une version primitive de ses *Confessions* et le confident attentif de tout ce que la France comptait d'hommes d'esprit originaux. La Librairie (on dirait aujourd'hui le ministère de la Culture) était dans le «département» du chancelier qui accordait les privilèges d'impression au nom du roi. Lamoignon nomma son fils à la direction de la Librairie en 1750; il y resta

jusqu'en 1763. Malesherbes était un haut fonctionnaire pétri de scrupules, soucieux d'appliquer «à la rigueur» les lois, mais Malesherbes était aussi un libéral qui pensait que le contrôle de l'imprimé ne devait pas gêner la libre production des idées quand celles-ci étaient honorables, socialement acceptables et philosophiquement cohérentes. D'autre part, il était persuadé que ce qui était interdit serait publié ailleurs et reviendrait de toute façon en France : «Il vaut mieux garder notre argent dans le royaume que de le laisser aller à l'étranger», confiait-il, philosophe, au marquis d'Argenson, autre ministre éclairé.

Scandale en Sorbonne : la première suppression

Le travail de compilation et de recrutement des rédacteurs occupa les deux codirecteurs jusqu'à la sortie des premiers volumes en 1751. Le fracas ne vint pas d'eux, mais indirectement d'un de leurs collaborateurs, un théologien de la Sorbonne chargé des articles de métaphysique avec d'autres

Eminence grise de la «philosophie» avec Mmes du Deffand et d'Epinay, Mme Geoffrin recevait dans son hôtel de la rue Saint-Honoré et donnait à dîner le mercredi aux hommes de lettres, parmi lesquels se distinguaient les encyclopédistes. Le lundi, elle accueillait les artistes. Quand la conversation vive et sans façons dérapait, la maîtresse de maison savait en arrêter les débordements par un «Voilà qui est bien!». D'après un dessin attribué à tort à Boucher et sans doute d'A.-C. Lemonnier, la peinture ci-contre représente une vue idéalisée et synthétique du salon : on y reconnaît, parmi d'autres, Mme Geoffrin écoutant l'acteur Le Kain lisant *L'Orphelin de la Chine* de Voltaire. Le dessin original mettait en scène d'Alembert, Mme Geoffrin, le prince de Conti et Fontenelle.

éminents spécialistes de sciences sacrées, dont l'abbé Yvon, du collège de Navarre. L'abbé Jean-Martin de Prades soutint le 18 novembre 1751 en Sorbonne, la Faculté de théologie de l'Université de Paris, une thèse latine *Jerusalem cœlesti* («A la Jérusalem céleste, question théologique : quel est celui sur la face duquel Dieu a répandu le souffle de la vie?»), approuvée par les docteurs et dotée de l'imprimatur ecclésiastique et universitaire.

Mais le bruit se répandit bientôt que ce texte, anodin du reste et fort orthodoxe dans presque toutes ses parties, était un brûlot qui favorisait le matérialisme athée. Comme l'on savait que Prades collaborait à l'*Encyclopédie,* on se jeta sur ses articles et l'on découvrit avec horreur qu'il avait rédigé l'article Certitude révélé le 22 janvier suivant au tome II du dictionnaire. Revu par Yvon et Diderot, ce long article de compilation s'inspirait de théologiens orthodoxes, souvent sans le citer, comme le père Buffier, jésuite de Louis-le-Grand. Mais en y regardant bien on y trouva ce qu'on voulait y découvrir : des germes d'athéisme.

Six jours plus tard, le très ultramontain Christophe de Beaumont, archevêque de Paris, condamnait l'*Encyclopédie,* bientôt suivi par les évêques de Montauban, patrie de Prades, Michel de Verthamon, et d'Auxerre, le très janséniste Charles de Caylus.

Monseigneur Christophe de Beaumont (1703-1781) poursuivit les philosophes de ses mandements.

De son côté, pour ne pas sembler moins orthodoxe que les amis des jésuites, le Parlement de Paris, qui s'opposait au roi, mais qui était de sensibilité janséniste et pratiquait volontiers la surenchère idéologique quand les bons principes étaient menacés, poursuivit la condamnation de Prades au nom de la religion et de la sûreté de l'Etat. Les dénonciations jaillissent avec tant de force dans les articles, livres et pamphlets que l'*Encyclopédie* semble condamnée.

C'est dans le réquisitoire de l'avocat général Lefèbre d'Ormesson au Conseil secret du Parlement, le 11 février, que l'on voit assimilés pour la première fois les encyclopédistes à une «secte dangereuse» dont le pouvoir politique doit se défaire autant que les instances ecclésiastiques.

Fondé en 1254 par Robert de Sorbon et Saint Louis, le Collège de Sorbonne devait permettre à des prêtres séculiers pauvres de vivre en communauté pour s'y former à la théologie. Richelieu, son ancien élève, décida de le reconstruire à ses frais en 1625 et en fit le siège de l'Université de Paris. Au nom de la sainte doctrine, les docteurs de Sorbonne, qui avaient condamné les templiers et Jeanne d'Arc, prirent position dans les querelles politico-théologiques qui agitèrent les XVIIe et XVIIIe siècles : jansénisme, déisme ou gallicanisme.

L'«Anti-France» naît dans l'imaginaire idéologique de l'Ancien Régime

La guerre de Sept Ans qui va opposer la France aux amis des philosophes, ces Anglais et surtout ces Prussiens, dont le monarque Frédéric II se pique d'être le soutien des encyclopédistes, va suggérer l'existence d'un ennemi intérieur à la solde de l'étranger et de forces de désagrégation sociale et religieuse. Signe des temps, Prades, condamné à Paris, s'enfuit en Prusse et devient «aumônier» de Frédéric II, athée déclaré. Courageusement, Diderot défendit son collaborateur dans une *Apologie.* Malesherbes et d'Argenson, qui avaient protégé la

Si la France de Louis XV, contrairement à celle de Louis XIII et de Louis XIV, ne connut pas la guerre sur son propre territoire, la guerre de Sept Ans où la France s'affronta à l'Angleterre et à la Prusse marqua, avant le sursaut napoléonien, le déclin militaire de la Grande Nation. Nous sommes loin de l'image de la guerre en dentelles diffusée par une certaine mythographie du XIXe siècle.

fuite de Prades, ne purent empêcher que le Conseil du roi supprimât et condamnât au pilon le 7 février 1752 les deux premiers tomes de l'*Encyclopédie* : «Sa Majesté a reconnu que dans ces deux volumes on a affecté d'insérer plusieurs maximes tendant à détruire l'autorité royale, à élever les fondements de l'erreur, de la corruption des mœurs, de l'irréligion et de l'incrédulité.»

D'Alembert décide de renoncer à sa codirection

«Je ne sais si l'ouvrage sera continué, mais je puis vous assurer que ce ne sera point par moi», écrivait-il, début mars, à son correspondant berlinois, l'académicien Formey, l'un des premiers rédacteurs

Fils du «roi-sergent» dont la brutalité avait révolté le jeune prince de Prusse, qui passa une partie de sa jeunesse en exil intérieur, Frédéric II se créa son propre univers d'opposition : il fut, pour déplaire à son père, aussi raffiné et francophile que Frédéric-Guillaume Ier était caricaturalement germanique. Musicien et amateur d'art, Frédéric, devenu roi en 1740, continua de jouer de la flûte en concert et de collectionner la peinture française de fêtes galantes (Watteau, Lancret). Il s'entoura d'intellectuels venus de Paris et réussit un coup magnifique en attirant Voltaire à Potsdam. Cette rencontre au sommet fut ambiguë, le «roi» Voltaire ne voulant rien abdiquer de sa prééminence et Frédéric pensant de même. Avec la guerre de Sept Ans, Frédéric découvrit son génie politico-militaire.

de l'*Encyclopédie.* A Versailles, on s'entremettait pour le dictionnaire. Fer de lance du clan antijésuite, Mme de Pompadour, elle-même, qui allait se faire représenter en 1755 par le pastelliste Maurice Quentin de La Tour avec des volumes de l'*Encyclopédie* et *De l'esprit des lois* sur une console, favorisa la pacification à laquelle ne furent pas étrangers Malesherbes et d'Argenson. En juillet, d'Alembert revenait sur sa décision, mais il limitait sa participation aux articles de mathématiques. Malesherbes réussit à réduire l'interdiction aux deux volumes déjà parus... et distribués aux souscripteurs. Les libraires purent continuer la fabrication des tomes suivants, en se réjouissant que l'interdiction leur ait fait une utile publicité.

Les idées tuent, le monarque en est convaincu

Les ennemis de l'*Encyclopédie* ne désarmaient pas. La conjoncture leur était d'ailleurs favorable. Outre la guerre qui menaçait, l'attentat de Damiens contre Louis XV en janvier 1757, régicide raté que l'on attribua indifféremment aux jésuites, aux jansénistes et aux esprits forts, créa une atmosphère de réarmement moral et convainquit le monarque que les idées pouvaient tuer. En avril 1757, un arrêt attise encore la haine des conspirateurs en menaçant de la peine de mort tout auteur ou imprimeur de livre séditieux – en réalité tout écrit tendant à «émouvoir les esprits». D'Alembert renonça définitivement à sa participation à l'*Encyclopédie* dès janvier 1758. Il se rapprocha de Voltaire et parut bientôt, selon un mot de Grimm, «le chef visible de l'illustre église dont Voltaire fut le fondateur et le soutien». Entré en 1754 à l'Académie française, bastion des voltairiens, le philosophe en devint le secrétaire perpétuel en 1772, mais aussi l'historiographe et la conscience idéologique. Sa brouille avec Diderot se fonde sur des divergences qui n'ont pas été éclaircies. Le philosophe semblait vouloir poursuivre la fabrication de l'*Encyclopédie* à l'étranger pour conserver sa liberté.

Antoinette Poisson, devenue par la grâce de Louis XV marquise de Pompadour, fut avec Diane de Poitiers la favorite qui eut le plus d'influence sur la vie intellectuelle de son temps. Par son frère, le marquis de Marigny, elle fut un véritable ministre de la Culture et contribua à créer en plein règne de Louis XV le style... Louis XVI. Agissant avec discrétion, cette femme d'exception savait défendre ses amis tout en respectant les prérogatives royales. En regard : son portrait par La Tour.

La «morosophia» (la folie) foulée aux pieds par la religion : cette médaille commémore sur un ton grandiloquent la condamnation de l'*Encyclopédie* par le Parlement de Paris en février 1759.

Ce fut surtout la publication en juillet 1758 du *De l'Esprit* d'Helvétius qui suggéra que les plus hautes sphères de l'intelligentsia française et de la grande bourgeoisie financière – Helvétius était fermier général et maître d'hôtel de la reine – participaient de ce complot contre les fondements de la morale chrétienne et, par là même, de la monarchie de droit divin. *De l'Esprit* fut condamné dès le mois d'août; mais c'est en janvier 1759 que le procureur général au Parlement de Paris, Joly de Fleury, prononça un réquisitoire définitif contre huit

Les Parlements, à coloration janséniste, pratiquèrent pendant les règnes de Louis XV et de Louis XVI une obstruction souvent systématique aux décisions royales, ce qui contraignait le monarque à venir faire «enregistrer» personnellement ses édits lors de «lits de justice». Le roi les exila à plusieurs reprises.

mauvais livres, au premier rang desquels se trouvaient l'ouvrage d'Helvétius et l'*Encyclopédie.*

Condamné, censuré, interdit et mis à l'index

Le Parlement, qui les condamna le mois suivant, décida que les sept volumes parus de l'*Encyclopédie,* dont la diffusion était suspendue, devraient être soumis à une commission de censure. Plus personne ne pourrait maintenant protéger l'entreprise. Malesherbes fut contraint de se soumettre à la marée montante des indignations. Le Conseil du roi décréta le 8 mars la destruction des exemplaires imprimés, révoqua le privilège

Claude-Adrien Helvétius (1715-1771) est surtout connu aujourd'hui pour son livre *De l'Esprit,* qui amenait à leurs ultimes conséquences les théories de Locke concernant l'origine sensorielle des idées et le primat de la science expérimentale : la «sensibilité physique», c'est-à-dire l'intérêt personnel, est à la base de toute morale. Ce fermier général soutint financièrement le mouvement encyclopédiste. Ses autres ouvrages méritent attention, surtout *De l'Homme* qui est une synthèse des idées politiques de tolérance chères au siècle des Lumières. Diderot y répondit cependant par une *Réfutation d'Helvétius* où il prenait ses distances par rapport à l'optimisme social du philosophe. Le statut mondain d'Helvétius le protégea plus que d'autres des conséquences judiciaires de ses écrits.

d'impression du dictionnaire et interdit la poursuite de la publication. Quatre jours auparavant, Rome avait mis l'ouvrage à l'index. Le 3 septembre, le pape Clément XIII enjoignait aux catholiques, sous peine d'excommunication, de brûler les exemplaires en leur possession. Malesherbes, poussé par le clan dévot, maintenant tout-puissant à Versailles, se vit obligé de faire saisir les manuscrits de l'*Encyclopédie* encore conservés par Diderot. Mais il prévint ce dernier, et il hébergea chez lui les papiers compromettants : pratique typique de la fin de l'Ancien Régime où la sévérité de la loi est tournée par les ministres libéraux qui sont censés l'appliquer.

Il était alors exclu de reprendre la publication en France. Les volumes suivants furent imprimés secrètement et diffusés en 1765, après que Le Breton, par prudence indiscrète, eut «corrigé» sur épreuve le texte sans en avertir Diderot. Celui-ci, «auteur estropié, démembré, mutilé», en conçut une colère homérique. Cependant, dès le 9 septembre 1759, avec l'aide de Malesherbes et sous la pression des libraires qui annonçaient la chute de l'édition parisienne si rien ne venait compenser les lourds investissements qu'ils avaient faits, un nouveau privilège fut accordé à l'entreprise : il concernait uniquement les volumes de planches gravées et leurs «explications» imprimées. Ces volumes ne pouvaient pas, dans l'esprit des libraires, susciter de problèmes. La vague déferlante vint d'ailleurs.

Les philosophes ne furent pas les seules victimes du pouvoir. La Compagnie de Jésus, produit typique de la Contre-Réforme catholique, obéissait au Pape *perinde ac cadaver* («comme un cadavre»). La monarchie gallicane et les Parlements jansénistes avaient toujours eu maille à partir avec les jésuites ultramontains qui pourtant possédaient les meilleurs collèges d'Europe. De Ravaillac à Damiens, on les avait soupçonnés d'armer le bras des régicides. Le scandale de la république de Paraguay, colonie jésuite d'Amérique, où les philosophes virent un camp de concentration pour Indiens, un pape libéral comme Clément XIV qui leur marchanda son soutien, les menées des Parlements français qui criaient au complot et au régicide pour faire oublier leurs propres ambitions, amena Louis XV à supprimer la Compagnie en France.

EXTINCTION DE LA SOCIÉTÉ DES JÉSUITES

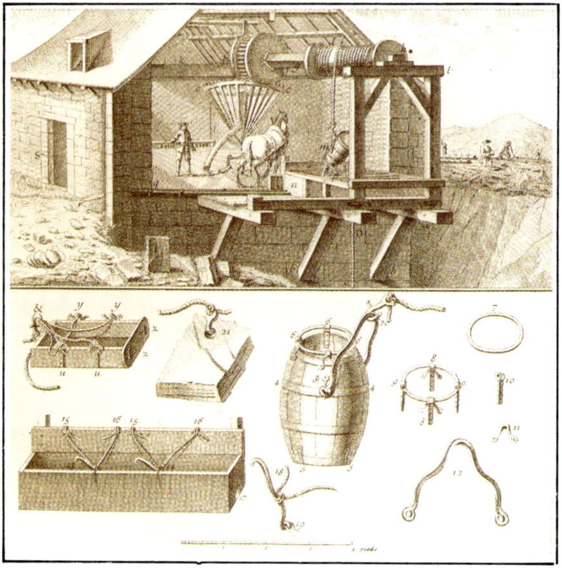

«L'Art de l'ardoisier» de Duhamel du Monceau pour la *Description des arts et métiers* de l'Académie des sciences était inspiré des mêmes sources que l'article de l'*Encyclopédie* : deux *Mémoires* de l'ingénieur de Voglie fournis par Perronet à Duhamel en 1761 et à Diderot en 1766. Diderot trouva aussi quelque chose dans les manuscrits de Réaumur lus à l'Académie en 1717. Sur les sept illustrations de l'*Encyclopédie*, quatre sont copiées de Réaumur, les trois autres venant de Voglie. Le travail d'adaptation des dessins fut le fait de Delacroix, ingénieur des Ponts et Chaussées dans la région du Maine et de l'Anjou. Plutôt que de plagiat, il faut ainsi parler de source commune.

Les ennemis du dictionnaire accusent les encyclopédistes de vol et de plagiat

Dès novembre 1759, l'architecte Pierre Patte prétendit que les graveurs de l'*Encyclopédie*, dont certains avaient travaillé pour Réaumur, pillaient sans vergogne les archives privées de l'Académie. Cela était sans doute excessif, car aucune des planches n'était la reproduction exacte de la *Description*. Mais l'idée fit son chemin et à partir de 1768, les *Mémoires* de l'écrivain Pierre-Joseph-François Luneau de Boisjermain remirent sur le tapis la question de ces volumes fourre-tout de planches. Le débat judiciaire, qui dura jusqu'en 1778, date à laquelle Luneau fut définitivement débouté de sa plainte, amena sur le devant de la scène, l'affaire des planches «plagiées». Ce fut le dernier grand fracas suscité par l'*Encyclopédie* : il mêlait les basses œuvres du métier de l'édition au scandale idéologique, la mauvaise foi aux attaques biaisées. Car c'était une véritable meute qui s'était attachée dès 1751, à détruire ce que d'aucuns considéraient comme une œuvre diabolique.

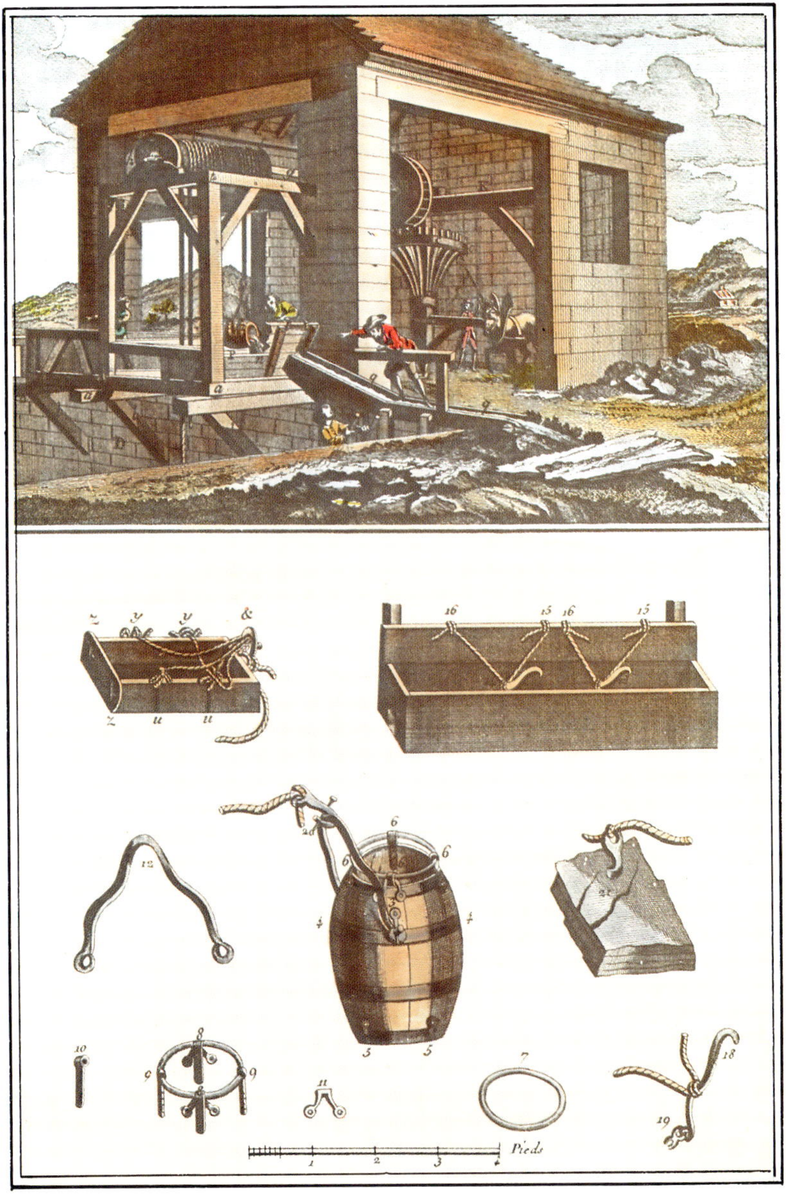
Pieds

L'*Encyclopédie* (dont on peut voir ci-contre une page manuscrite), témoin vivant d'un siècle qui s'ouvrit sur le monde, encourut les foudres de l'Eglise et de la papauté qui la considérèrent, dès 1751, comme une œuvre proprement diabolique.

Dans la presse, le combat fut mené au premier rang par deux ennemis ailleurs irréconciliables : le pape et les jésuites

La seule haine de l'*Encyclopédie* les rapprochait. Clément XIV, successeur de celui qui avait condamné l'ouvrage maudit, méditait de se débarrasser de la Compagnie de Jésus qui attirait sur elle, en Europe et en Amérique surtout, la méfiance vigilante des esprits éclairés. La France donna le branle en 1762 et le Saint-Siège supprima la Compagnie par un bref en juillet 1773. En France, les jésuites, ultramontains dans un pays à coloration gallicane, étaient depuis longtemps sur la défensive : ils virent dans l'*Encyclopédie* l'attaque la plus déterminée contre les fondements de la foi catholique, la preuve d'un complot dont ils seraient les premières victimes. D'où leur engagement violent contre le dictionnaire dès son projet initial. Du côté de leurs ennemis intimes du parti janséniste, qui pour une fois était d'accord avec les jésuites sur la diabolique irréligion des encyclopédistes, la lutte ne fut pas moins vive : leur périodique clandestin, mais efficacement diffusé, les *Nouvelles ecclésiastiques,* s'engagea dès l'origine contre le dictionnaire, il fut soutenu en 1760 par le *Censeur hebdomadaire* de Chaumeix. L'*Encyclopédie* était attaquée sur deux fronts.

"La France horriblement dévastée par les fureurs de l'impiété» : tel est le titre de la gravure contre-révolutionnaire ci-dessous. Dans cette violente tempête qui secoue la nation, les responsabilités pèsent lourdement sur les épaules des encyclopédistes que l'on peut voir en bas à droite, d'Alembert se tenant à l'entrée de l'«antre national».

Le troisième s'ouvrit avec un journal soutenu par la Cour dans sa portion plus politique que dévote. *L'Année littéraire* de Fréron, franc-maçon pourtant mais ami du pouvoir, mena les assauts les plus vigoureux contre les rédacteurs de l'ouvrage encyclopédique. La diffusion bien conduite de son périodique «littéraire» eut une efficacité que ne put compenser le tiède soutien apporté par *Le Mercure de France,* le grand périodique officiel de la France littéraire dirigé par des libéraux voltairiens et, un temps jusqu'en 1760, par un collaborateur de l'*Encyclopédie,* Jean-François Marmontel.

C'est dans la guerre des pamphlets que le scandale est régulièrement ranimé par les adversaires du dictionnaire

On y trouvait beaucoup d'ecclésiastiques, effrayés comme l'abbé Bergier de voir se développer en marge de l'*Encyclopédie* une littérature violemment antichrétienne suscitée ou arrangée par un de ses collaborateurs, le baron d'Holbach. Chaumeix publia dès 1758-1759 huit volumes de *Préjugés légitimes contre l'Encyclopédie,* vaste fourre-tout où les critiques fondées se mêlaient au délire obsessionnel du complot. Le père Bonhomme, franciscain, Dom Maieul Chaudon, bénédictin, les abbés Gauchat, Saas, Saur, mais aussi les vingt et un volumes de *La Religion vengée ou Réfutation des auteurs impies* (1757-1761) par l'avocat Soret et le père Hayer, les pamphlets contre les «Cacouacs» (surnom satirique

La Compagnie de Jésus avait fourni depuis la Renaissance une bonne partie de la science moderne. Mais d'autres ordres n'étaient pas en reste : les pères Leseur et Jacquier (à gauche) comptent parmi les initiateurs du calcul intégral. Cela n'empêcha pas la lutte des philosophes contre l'Eglise, ses institutions et la tradition biblique. Le cercle qui gravitait autour du baron d'Holbach composait des textes originaux ou en révisait qui avaient circulé jusqu'alors sous forme manuscrite et les faisait paraitre sous de fausses adresses éditoriales chez Marc-Michel Rey à Amsterdam, l'éditeur favori de Rousseau et des philosophes. *Le Christianisme dévoilé* (à droite) sort de cette manufacture qui fut un complément à l'*Encyclopédie.* Les déistes comme Voltaire n'apprécièrent pas cette radicalisation de certaines de leurs idées : «Ce livre, écrivait-il, conduit à l'athéisme que je déteste. Il est entièrement opposé à mes principes.»

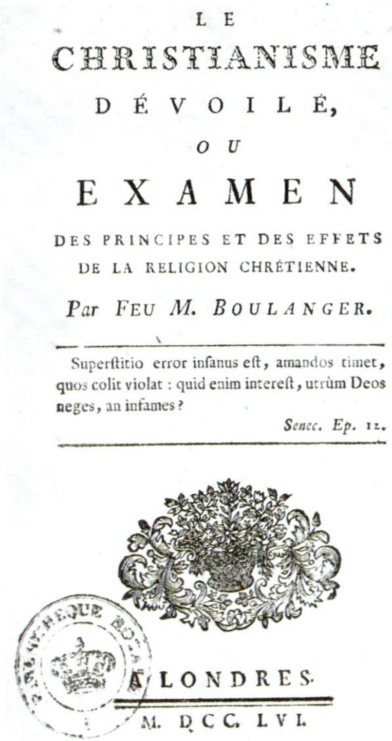

LE

CHRISTIANISME

DÉVOILÉ,

OU

EXAMEN

DES PRINCIPES ET DES EFFETS
DE LA RELIGION CHRÉTIENNE.

Par FEU *M.* BOULANGER.

Superſtitio error inſanus eſt, amandos timet, quos colit violat : quid enim intereſt, utrùm Deos neges, an infames ?

Senec. Ep. 12.

A LONDRES.

M. DCC. LVI.

des encyclopédistes) par Vaux de Giry et l'historiographe de France Jacob-Nicolas Moreau, pamphlétaire au service de la Cour, accrurent, du début de l'entreprise à son achèvement provisoire en 1772, une pression qui faisait de l'*Encyclopédie* la bible de l'athéisme. Quand, à la fin de la Révolution, l'abbé Augustin Barruel chercha les sources véritables de la tourmente de 1789 et du «jacobinisme», il n'eut aucune peine à les désigner : les encyclopédistes.

Jean-François Marmontel appartient à la catégorie des écrivains qui digèrent les nouveautés et les font parvenir à un vaste public. D'origine modeste, cet académicien fut protégé par Mme de Pompadour et parvint ainsi à diriger *Le Mercure de France,* qu'il fit évoluer vers un voltairianisme littéraire modéré. Collaborateur de l'*Encyclopédie* pour des articles d'esthétique et de littérature, Marmontel fut rendu célèbre par ses *Contes moraux* où il adaptait pour un large public les idées et les rêves des Lumières.

Révolutionnaire dans la forme, objet de querelles passionnées, l'«Encyclopédie» s'inscrit dans l'Histoire comme un fidèle miroir des Lumières

Tel était le destin de la plus grande aventure éditoriale et intellectuelle du siècle des Lumières : être moins lue que critiquée, et moins influente par son contenu que par les polémiques qu'elle suscita. On peut même se demander si l'imaginaire social n'a pas construit avec l'*Encyclopédie* un de ces monstres renaissant régulièrement dans l'histoire des nations occidentales qui n'aiment jamais tant les idées apparemment nouvelles que lorsqu'elles ne remettent rien en cause. Sinon, le

« L'*Encyclopédie* ne cesse de procéder à une fragmentation impie de monde, mais ce qu'elle trouve au terme de cette cassure n'est pas l'état fondamental des causes toutes pures; l'image oblige la plupart du temps à recomposer un objet proprement *déraisonnable*. »

Roland Barthes

vent de la calomnie crée les conditions favorables à la découverte de l'éternel complot «intellectuel» qui bientôt dévorera indifféremment victimes et accusateurs. Quand les libraires parisiens décidèrent de traduire le «Chambers», quand Diderot se mit à la tâche avec d'Alembert, ils ne songeaient certainement pas à changer le monde avec un dictionnaire, même s'ils en attendaient autre chose qu'une simple compilation du connu. Ils ne soupçonnaient sans doute pas que cette gigantesque masse de papier inerte allait être le symbole d'un siècle où jamais l'homme ne fut plus près de mériter son nom.

“ Voyez le pavé des Géants, cet amas de basaltes effrayants. [...] Le basalte est *réduit*, apprivoisé, familiarisé parce qu'il est *divisé* : ce qui frappe dans toute l'*Encyclopédie*, [...] c'est qu'elle propose un monde *sans peur*. ”

Roland Barthes

LA FABRICATION D'UN LIVRE ILLUSTRÉ

Du support papier à l'objet livre, la fabrication d'un livre comporte des étapes que les progrès de la technologie ont modifiées mais pas abolies. En voici le déroulement à l'époque de l'« Encyclopédie ».

Moulin à papier

L'imprimerie en taillc douce

La planche gravée est encrée avec un *tampon,* avant d'être essuyée de façon à ce qu'il ne reste du noir que dans les *tailles.* La feuille de papier posée sur la planche gravée est ensuite passée sous le rouleau de la presse, actionnée par le *moulinet.*

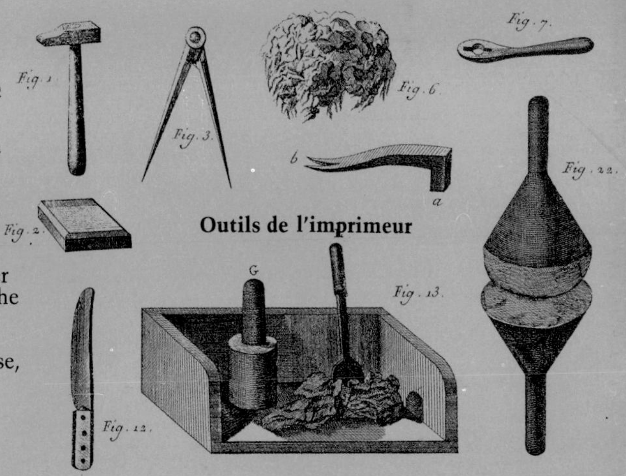

Outils de l'imprimeur

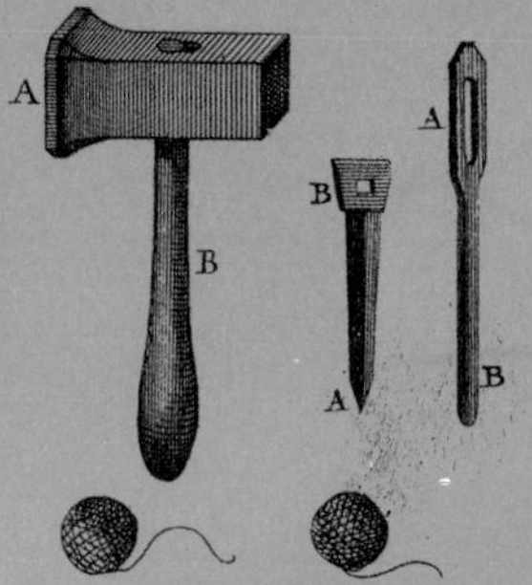

Outils du relieur

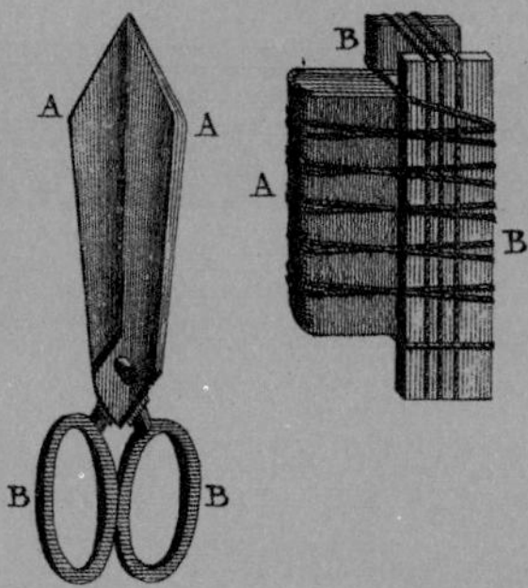

La reliure

Le relieur commence son travail par la *plaçure,* qui consiste à disposer à leur place les éléments de l'ouvrage. Suit l'*assemblage,* c'est-à-dire la mise en ordre de lecture des cahiers. Puis vient la *couture* des cahiers, l'*endossure* (l'arrondissement au marteau du dos de l'ouvrage), la *couvrure* du volume avec de la peau, de la toile ou de la matière synthétique et enfin la *finissure.*

TÉMOIGNAGES ET DOCUMENTS

L'*Encyclopédie* fut bien plus qu'un livre.
Ce fut un creuset où se précipitèrent toutes les idées,
toutes les rancœurs,
toutes les peurs, tous les espoirs.

Un projet d'une absolue nouveauté

C'est ainsi que le « Prospectus » d'octobre 1750, rédigé par Diderot, présente l'entreprise naissante de l'« Encyclopédie ». Le projet s'inscrit d'emblée en rupture avec les idées reçues. C'est ce qui le rend « dangereux ». L'enthousiasme des débuts règne dans ce texte assez agressif.

Dresser un tableau général des « efforts de l'esprit humain »

On ne peut disconvenir que depuis le renouvellement des lettres parmi nous, on ne doive en partie aux dictionnaires les lumières générales qui se sont répandues dans la société, et ce germe de science qui dispose insensiblement les esprits à des connaissances plus profondes. Combien donc n'importait-il pas d'avoir en ce genre un livre qu'on pût consulter sur toutes les matières, et qui servît autant à guider ceux qui se sentiraient le courage de travailler à l'instruction des autres, qu'à éclairer ceux qui ne s'instruisent que pour eux-mêmes.

C'est un avantage que nous nous sommes proposé ; mais ce n'est pas le seul. En réduisant sous la forme de dictionnaire tout ce qui concerne les sciences et les arts, il s'agissait encore

"Nous nous sommes convaincus de l'ignorance dans laquelle on est sur la plupart des objets...", Diderot.

de faire sentir les secours mutuels qu'ils se prêtent ; d'user de ces secours pour en rendre les principes plus sûrs et leurs conséquences plus claires, d'indiquer les liaisons éloignées ou prochaines des êtres qui composent la nature, et qui ont occupé les hommes ; de montrer par l'entrelacement des racines et par celui des branches, l'impossibilité de bien connaître quelques parties de ce tout, sans remonter ou descendre à beaucoup d'autres ; de former un tableau général des efforts de l'esprit humain dans tous les genres et dans tous les siècles ; de présenter ces objets avec clarté ; de donner à chacun d'eux l'étendue convenable ; et de vérifier, s'il était possible, notre épigraphe par notre succès :

Tantum series juncturaque pollet,
Tantum de medio sumptis
accedit honoris !
Horat., De arte poet., v. 249.

Jusqu'ici personne n'avait conçu un ouvrage aussi grand ; ou du moins personne ne l'avait exécuté. Leibniz, de tous les savants le plus capable de sentir les difficultés, désirait qu'on les surmontât.[...]

Mais sans nous étendre davantage sur les imperfections de l'*Encyclopédie* anglaise, nous annonçons que l'ouvrage de Chambers n'est point la base sur laquelle nous avons élevé, que nous avons refait un grand nombre de ses articles, et que nous n'avons employé presque aucun des autres sans addition, correction ou retranchement ; qu'il rentre simplement dans la classe des auteurs que nous avons particulièrement consultés, et que la disposition générale est la seule chose qui soit commune entre notre ouvrage et le sien.

L'enchaînement des arts et des sciences.

Un arbre généalogique des sciences et des arts

Nous avons senti, avec l'auteur anglais, que le premier pas que nous avions à faire vers l'exécution raisonnée et bien entendue d'une encyclopédie, c'était de former un arbre généalogique de toutes les sciences et de tous les arts, qui marquât l'origine de chaque branche de nos connaissances, les liaisons qu'elles ont entre elles et avec la tige commune, et qui nous servît à rappeler les différents articles à leurs chefs. Ce n'était pas une chose facile. Il s'agissait de renfermer en une page le canevas d'un ouvrage qui ne se peut exécuter qu'en plusieurs volumes in-folio, et qui doit contenir un jour toutes les connaissances des hommes.

Cet arbre de la connaissance humaine pouvait être formé de plusieurs

Etablissement de la nouvelle philosophie.

manières, soit en rapportant aux diverses facultés de notre âme nos différentes connaissances, soit en les rapportant aux êtres qu'elles ont pour objet. Mais l'embarras était d'autant plus grand, qu'il y avait plus d'arbitraire. Et combien ne devait-il pas y en avoir ? La nature ne nous offre que des choses particulières, infinies en nombre et sans aucune division fixe et déterminée. Tout s'y succède par des nuances insensibles. Et sur cette mer d'objets qui nous environne, s'il en paraît quelques-uns comme des pointes de rochers, qui semblent percer la surface et dominer les autres, ils ne doivent cet avantage qu'à des systèmes particuliers, qu'à des conventions vagues, et qu'à certains événements étrangers à l'arrangement physique des êtres, et aux vraies institutions de la philosophie. Si l'on pouvait se flatter d'assujettir l'histoire seule de la nature à une distribution qui embrassât tout et qui convînt à tout le monde, ce que MM. de Buffon et Daubenton n'ont pas avancé sans fondement, combien n'étions-nous pas autorisés dans un sujet beaucoup plus étendu, à nous en tenir, comme eux, à quelque méthode satisfaisante pour les bons esprits qui sentent ce que la nature des choses comporte ou ne comporte pas. On trouvera à la fin de ce projet cet arbre de la connaissance humaine, avec l'enchaînement des idées qui nous ont dirigés dans cette vaste opération. Si nous en sommes sortis avec succès, nous en aurons principalement obligation au chancelier Bacon, qui jetait le plan d'un dictionnaire universel des sciences et des arts, en un temps où il n'y avait, pour ainsi dire, ni sciences ni arts. Ce génie extraordinaire, dans l'impossibilité de faire l'histoire de ce qu'on savait, faisait celle de ce qu'il fallait apprendre.

Pas de connaissances sans mémoire

C'est de nos facultés que nous avons déduit nos connaissances ; l'histoire nous est venue de la mémoire ; la philosophie de la raison, et la poésie, de l'imagination ; distribution féconde à laquelle la théologie même se prête ; car dans cette science, les faits sont de l'histoire et se rapportent à la mémoire, sans même en excepter les prophéties qui ne sont qu'une espèce d'histoire où le récit a précédé l'événement : les mystères, les dogmes et les préceptes sont de philosophie éternelle et de raison divine ; et les paraboles, sorte de poésie allégorique, sont d'imagination inspirée. Aussitôt nous avons vu nos connaissances découler les unes des

Fontenelle, La Motte, Saurin, les nouveaux philosophes, dans la maison de Mme de Tencin à Auteuil.

autres ; l'histoire s'est distribuée en ecclésiastique, civile, naturelle, littéraire, etc. La philosophie, en science de Dieu, de l'homme, de la nature, etc. La poésie, en narrative, dramatique, allégorique, etc. De là, théologie, histoire naturelle, métaphysique, mathématique, etc., météorologie, hydrologie, etc., mécanique, astronomie, optique, etc., en un mot, une multitude innombrable de rameaux et de branches dont la science des axiomes, ou des propositions évidentes par elles-mêmes, doit être regardée, dans l'ordre synthétique, comme le tronc commun.

A l'aspect d'une manière aussi étendue, il n'est personne qui ne fasse avec nous la réflexion suivante. L'expérience journalière n'apprend que trop combien il est difficile à un auteur de traiter profondément de la science ou de l'art dont il a fait toute sa vie une étude particulière ; il ne faut donc pas être surpris qu'un homme ait échoué dans le projet de traiter de toutes les sciences et de tous les arts. Ce qui doit étonner, c'est qu'un homme ait été assez hardi et assez borné pour le tenter seul. Celui qui s'annonce pour savoir tout, montre seulement qu'il ignore les limites de l'esprit humain.

Nous avons inféré de là que pour soutenir un poids aussi grand que celui que nous avions à porter, il était nécessaire de le partager ; et sur-le-champ nous avons jeté les yeux sur un nombre suffisant de savants et d'artistes ; d'artistes habiles et connus par leurs talents ; de savants exercés dans les genres particuliers qu'on avait à confier à leur travail.

Prospectus,
octobre 1750

Dans les salons parisiens

Ouvrage d'érudition, l'« Encyclopédie » fut aussi un événement mondain. Une lettre anonyme de Paris adressée en 1757 à un correspondant danois montre quel remue-ménage engendra l'affaire dans la bonne société littéraire de la capitale. Il fut même nécessaire d'en informer l'Europe, toujours soucieuse de connaître les derniers potins parisiens.

La vie des gens de Lettres est un des points sur lesquels je puis le plus aisément vous instruire. En arrivant ici, j'étais fort avide de les voir, soit parce que j'étais curieux de connaître des personnes dont les écrits m'avaient tant fait de plaisir, soit pour me mettre en état de répondre aux questions qu'on pourrait me faire ; je m'imaginais que je les trouverais renfermés dans leur cabinet, occupés à recueillir leurs matériaux, à méditer, à arranger, à écrire, et à revoir. Bien loin de là. Après avoir couru çà et là à toutes heures, il en était peu que je pusse rencontrer. Les uns ne sont plus chez eux après 8 heures du matin, et il n'y en a presque aucun qu'on puisse rencontrer encore après midi. J'attribuai pendant quelques jours à mon malheur l'inutilité de mes courses, mais enfin à force de tentatives, je m'assurai que la difficulté demeurait constante et qu'apparemment elle avait une cause réelle. Seulement j'ignorais s'ils étaient véritablement hors de chez eux, ou si leur opiniâtreté au travail les engageait à fermer leur porte à toutes les visites. J'interrogeai là-dessus un homme très connu dans la République des Lettres : « Qui donc avez-vous souhaité de voir ? », me dit-il. Je lui nommai deux ou trois personnes.

« Pour M. ..., je ne puis pas vous le faire connaître, me répondit-il, nous ne nous voyons pas ; faites-vous introduire chez Madame ... les mercredis ; je vous conduirai vendredi chez Madame ... où vous trouverez ... « Mais, lui dis-je, ce n'est pas dans la société que je voudrais les voir, ne pourrais-je pas les questionner dans leur cabinet ? » « Dans leur cabinet, s'écria-t-il, à peine s'y tiennent-ils chaque jour trois ou quatre heures, et pour lors ils

s'enferment si bien qu'on ne saurait les aborder. Mais c'est dans les *maisons* qu'on peut les voir ; c'est là qu'on disserte, que l'esprit s'épanouit ; dans les unes règne la gaieté, dans l'autre le sérieux, ici on encense à *Fontenelle*, là c'est à *Montesquieu*, ou à *Voltaire ;* et comme si les mérites de différents genres ne pouvaient se concilier, il faut toujours qu'un auteur ait une préférence en quelque sorte exclusive. Elle est surtout marquée pour les auteurs vivants. Si l'on vous introduit chez Madame de ... souvenez-vous qu'elle est *Encyclopédiste.*
« Encyclopédiste ! repris-je, qu'est-ce à dire ? » Ma surprise jeta mon nouveau Mentor dans un étonnement inconcevable. « Quoi ! me dit-il, vous ne savez pas que toute notre littérature est partagée en deux factions, l'une pour, l'autre contre l'Encyclopédie. »
« En vérité, lui dis-je, je n'en savais rien, mais cela ne me paraît pas naturel, car tout le monde devrait être pour et contre suivant les articles et la manière de l'envisager. » « Vous avez raison, répliqua-t-il. Mais gardez-vous bien de dire votre sentiment tout haut, il n'est pas permis de penser ainsi ; j'aime naturellement les partis modérés ; mais j'ai été forcé à me décider, sans quoi, je serais resté seul. » Quelque envie que j'eusse de m'instruire un peu plus à fond en faisant de nouvelles questions, je ne sais comment la conversation de digression en digression se porta sur d'autres matières jusqu'au moment où nous fûmes obligés de nous séparer. Je connaissais depuis longtemps la mode des bureaux d'esprit, et j'avais si mauvaise opinion du ton de ces rendez-vous que j'évitai d'être introduit dans aucun. Il en est de mille espèces, ils sont conduits par autant d'esprits différents ; mais j'ai ouï parler mal de tous. J'en sais où l'on se rend à point nommé pour bâiller, pour déclamer contre la vie humaine en

général, contre les mœurs du temps, contre le séjour de Paris, contre tout ce qu'on a trouvé à propos de nommer préjugé ; et où à force d'analyser tous les plaisirs on est parvenu à n'en sentir aucun. On appelle cela *de la Philosophie.* Et ceux qui s'ennuient là périodiquement disent tout uniment, en parlant de leurs propres opinions : *le Sage méprisant le vulgaire,* ou bien *la Philosophie nous enseigne,* etc.

Je ne vous entretiendrai pas de ces sublimes assemblées, parce que je veux vous parler de ce que j'ai pu apprendre de plus certain sur le principal objet de votre curiosité ; je veux parler du sujet de la vérité de cette imputation de cabale que se font réciproquement les auteurs et les ennemis de l'*Encyclopédie.*

Si ma lettre devait être lue par les personnes intéressées, je serais sûr d'offenser les deux partis, mais comme vous n'êtes d'aucun, vous pourrez voir que si je n'ai pas démêlé la vérité, j'ai du moins cherché à le faire.

Lorsqu'on commença à annoncer cet immense *Dictionnaire,* destiné à recueillir tout ce qu'on sait aujourd'hui, et à le faire connaître à la postérité, presque tous ceux qui avaient cultivé quelque partie des sciences auraient désiré d'être employés à le rédiger ; ils jugeaient qu'un ouvrage si ample, qui semblait commencer sous les plus heureux auspices, était un de ces monuments inébranlables qui résistent à tous les événements. On pensa que le nom d'un auteur écrit à la tête d'un pareil ouvrage était un gage assuré de l'immortalité.

Le premier volume qui parut fit déjà à l'*Encyclopédie* je ne sais combien d'ennemis. Les uns par envie contre une entreprise qui semblait devoir être immortelle auraient voulu arrêter la publication de ce monument colossal ; d'autres auxquels il paraissait qu'on aurait dû les employer, ou, qui même avaient été refusés, tâchaient, en recherchant les fautes du plan et de l'exécution, de faire voir qu'ils étaient capables de faire mieux. Plusieurs qu'on avait blessés par la critique de leurs opinions, ou par des jugements trop sévères de leurs ouvrages voulaient se venger sur le corps entier des injures des particuliers. Des auteurs qu'on avait compilés ou même des Lecteurs indifférents furent offensés de voir des choses très communes annoncées comme des découvertes ; on aperçut des fautes réelles, qui devaient nécessairement se trouver dans un ouvrage si grand et si vaste.

On trouva qu'il n'y avait point d'unité de plan ; que quelques matières étaient traitées avec trop d'étendue, tandis que d'autres étaient étranglées. Quelques-uns plutôt bien intentionnés que prudents firent beaucoup de bruit de ce qui blessait ou paraissait blesser la Religion ; ils devaient penser que crier à l'irréligion, c'est avertir le public toujours avide de la trouver ; d'ailleurs le gouvernement ne peut agir sans augmenter encore l'avidité, surtout lorsque les auteurs ont porté leurs coups sourdement et de manière à pouvoir nier leurs véritables intentions.

Tant de personnes réunies par différents principes pour attaquer l'*Encyclopédie* firent apercevoir aux auteurs qu'ils faisaient corps, que leurs intérêts étaient communs, que déprimer quelque membre de leur association, c'était ôter à chacun une partie de sa gloire. [...]

Il faut compter parmi les *Encyclopédistes* ceux qui, saisis d'un ardent désir de s'immortaliser à peu de frais, postulent pour faire insérer dans le grand Dictionnaire quelque petit article avec leur nom au bas écrit en gros caractères, comme s'il était fort avantageux pour eux que dès ce moment et jusqu'aux temps les plus reculés ont pût dire en lisant ces articles : « Voilà le nom d'un homme qui n'a été joint à une si belle entreprise que pour en augmenter les défauts. » Le nombre de ces aspirants à l'honneur d'être Encyclopédistes est plus grand qu'on ne saurait dire, et vous en verrez de temps en temps paraître quelques-uns, que l'amitié des éditeurs a mis au comble de leurs vœux aux dépens de la perfection de l'ouvrage. Qu'ils sont à plaindre, Monsieur, ces Editeurs, d'avoir à lire tant de misères et qu'il est difficile de refuser honnêtement à une personne qui croit le mériter la faveur de l'associer à une compagnie d'illustres qui s'avancent à la fois et qui vont à l'appui les uns des autres se placer au temple de mémoire !

Je ne vous dirai point combien de haines, d'injures, de calomnies, de cabales, et d'artifices ces factions ont produit, vous l'imaginez aisément, et vous en pouvez voir les effets pour peu que vous jetiez l'œil sur les productions du jour. Les disputes ne sont pas nouvelles dans la République des Lettres ; mais les factions me paraissent l'être, à moins que vous ne nommiez ainsi les sectes des Philosophes et celles que des sujets plus graves ont fait naître.

C'est ainsi que j'ai vu les choses, et le spectacle m'a paru intéressant. Je ne doute pas que toutes ces dissensions ne préparent des énigmes à la postérité. [...]

Mercure danois,
octobre 1757

L'article Encyclopédie

Lancée par la monarchie française, grâce à l'Académie des sciences, la « Description des arts et des métiers » était une entreprise condamnée par ses origines mêmes, selon Diderot, car trop dépendante du pouvoir. L'« Encyclopédie » se prétend le produit libre d'une libre association de collaborateurs. Dans l'article Encyclopédie, Diderot s'en explique à la première personne.

Si le gouvernement se mêle d'un pareil ouvrage, il ne se fera point. Toute son influence doit se borner à en favoriser l'exécution. Un monarque peut d'un seul mot faire sortir un palais d'entre les herbes ; mais il n'en est pas d'une société de gens de lettres, ainsi que d'une troupe de manouvriers. Une encyclopédie ne s'ordonne point. C'est un travail qui veut plutôt être suivi avec opiniâtreté, que commencé avec chaleur. Les entreprises de cette nature se proposent dans les cours, accidentellement, et par forme d'entretien ; mais elles n'y intéressent jamais assez pour n'être point oubliées à travers le tumulte et dans la confusion d'une infinité d'autres affaires plus ou moins importantes. Les projets littéraires conçus par les grands sont comme les feuilles qui naissent aux printemps, se sèchent tous les automnes, et tombent sans cesse les unes sur les autres au fond des forêts, où la nourriture qu'elles ont fournie à quelques plantes stériles est tout l'effet qu'on en remarque. Entre une infinité

D*escription des arts et métiers* : atelier de teinturier.

d'exemples en tout genre, qui me sont connus, je ne citerai que celui-ci. On avait projeté des expériences sur la dureté des bois. Il s'agissait de les écorcer, et de les laisser mourir sur pied. Les bois ont été écorcés, sont morts sur pied, apparemment ont été coupés ; c'est-à-dire que tout s'est fait, excepté les expériences sur la dureté des bois. Et comment était-il possible qu'elles se fissent ? Il devait y avoir six ans entre les premiers ordres donnés, et les dernières opérations. Si l'homme sur lequel le souverain s'en est reposé vient à mourir, ou à perdre la faveur, les travaux restent suspendus, et ne se reprennent point, un ministre n'adoptant pas communément les desseins d'un prédécesseur, ce qui lui mériterait toutefois une gloire, sinon plus grande, du moins plus rare que celle de les avoir formés. Les particuliers se hâtent de recueillir le fruit des dépenses qu'ils ont faites ; le gouvernement n'a rien de cet empressement économique. Je ne sais par quel sentiment très répréhensible, on traite moins honnêtement avec le prince qu'avec ses sujets. On prend les engagements les plus légers, et on exige les récompenses les plus fortes. L'incertitude que le travail soit jamais de quelque utilité jette parmi les travailleurs une indolence inconcevable ; et pour ajouter aux inconvénients toute la force possible, les ouvrages ordonnés par les souverains ne se conçoivent jamais sur la raison de l'utilité, mais toujours sur la dignité de la personne, c'est-à-dire qu'on embrasse la plus grande étendue ; que les difficultés se multiplient ; qu'il faut des hommes, des talents, du temps à proportion pour les surmonter, et qu'il survient presque nécessairement une révolution qui vérifie la fable du maître d'école. Si la vie moyenne de l'homme n'est pas de vingt ans, celle d'un ministre n'est pas de dix ans. Mais ce n'est pas assez que les interruptions soient plus communes, elles sont plus funestes encore aux projets littéraires, lorsque le gouvernement est à la tête de ces projets, que quand ils sont conduits par des particuliers. Un particulier recueille au moins les débris de son entreprise : il renferme soigneusement des matériaux qui peuvent lui servir dans un temps plus heureux ; il court après ses avances. L'esprit monarchique dédaigne cette prudence. Les hommes meurent ; et les fruits de leurs veilles disparaissent, sans qu'on puisse découvrir ce qu'ils sont devenus.

Aucun gouvernement n'est capable de l'opiniâtreté d'un particulier

Mais ce qui doit donner le plus grand poids aux considérations précédentes, c'est qu'une encyclopédie, ainsi qu'un vocabulaire, doit être commencée, continuée, et finie dans un certain intervalle de temps, et qu'un intérêt sordide s'occupe toujours à prolonger les ouvrages ordonnés par les rois. Si l'on employait à un dictionnaire universel et raisonné les longues années que l'étendue de son objet semble

Les cafés étaient de hauts lieux de la rencontre littéraire et du débat d'idées.

exiger, il arriverait par les révolutions, qui ne sont guère moins rapides dans les sciences, et surtout dans les arts, que dans la langue, que ce dictionnaire serait celui d'un siècle passé, de même qu'un vocabulaire qui s'exécuterait lentement ne pourrait être que celui d'un règne qui ne serait plus. Les opinions vieillissent, et disparaissent comme les mots ; l'intérêt que l'on prenait à certaines inventions s'affaiblit de jour en jour, et s'éteint ; si le travail tire en longueur, on se sera étendu sur des choses momentanées, dont il ne sera déjà plus question ; on n'aura rien dit sur d'autres, dont la place sera

passée ; inconvénient que nous avons nous-mêmes éprouvé, quoiqu'il ne se soit pas écoulé un temps fort considérable entre la date de cet ouvrage et le moment où j'écris. On remarquera l'irrégularité la plus désagréable dans un ouvrage destiné à représenter, selon leur juste proportion, l'état des choses dans toute la durée antérieure ; des objets importants étouffés ; de petits objets boursouflés ; en un mot, l'ouvrage se défigurera sans cesse sous les mains des travailleurs ; se gâtera plus par le seul laps de temps, qu'il ne se perfectionnera par leurs soins ; et deviendra plus défectueux et plus pauvre par ce qui devrait y être ou raccourci, ou supprimé, ou rectifié, ou suppléé, que riche par ce qu'il acquerra successivement.

Quelle diversité ne s'introduit pas tous les jours dans la langue des arts, dans les machines et dans les manœuvres ? Qu'un homme consume une partie de sa vie à la description des arts ; que dégoûté de cet ouvrage fatigant, il se laisse entraîner à des occupations plus amusantes et moins utiles, et que son premier ouvrage demeure renfermé dans ses portefeuilles : il ne s'écoulera pas vingt ans, qu'à la place de choses nouvelles et curieuses, piquantes par leur singularité, intéressantes par leurs usages, par le goût dominant, par une importance momentanée, il ne retrouvera que des notions incorrectes, des manœuvres surannées, des machines ou imparfaites, ou abandonnées. Dans les nombreux volumes qu'il aura composés, il n'y aura pas une page qu'il ne faille redessiner. Ce sont des portraits dont les originaux ne subsistent plus. Le luxe, ce père des arts, est comme le Saturne de la fable, qui se plaisait à détruire ses enfants.

La révolution peut être moins forte et moins sensible dans les sciences et dans les arts libéraux, que dans les arts mécaniques ; mais il s'y en est fait une.

Encyclopédie,
Article Encyclopédie
tome V, 1755

L'anticléricalisme de l'Encyclopédie

Le baron d'Holbach est le plus connu des philosophes qui, au XVIIIe siècle, développent un matérialisme radical. Pour lui, le sentiment religieux n'a sa source que dans la crainte et l'ignorance. Aussi le bonheur sans au-delà que d'Holbach propose à l'homme passe-t-il avant tout par l'éducation, qui libérera celui-ci de ses peurs inconscientes et de ses préjugés.

L'article Prêtres est extrêmement violent et d'Holbach fait preuve à la fois d'humour et de grands talents de polémiste.

On désigne sous ce nom tous ceux qui remplissent les fonctions des cultes religieux établis chez les différents peuples de la terre.

Le culte extérieur suppose des cérémonies dont le but est de frapper le sens des hommes et de leur imprimer de la vénération pour la divinité à qui ils rendent leurs hommages. La superstition ayant multiplié les cérémonies des différents cultes, les personnes destinées à les remplir ne tardèrent point à former un ordre séparé qui fut uniquement destiné au service des autels ; on crut que ceux qui étaient chargés de soins si importants se devaient tout entiers à la divinité ; dès lors, ils partagèrent avec elle le respect des humains ; les occupations du vulgaire parurent au-dessous d'eux, et les peuples se crurent obligés de pourvoir à la subsistance de ceux qui étaient revêtus du plus saint et du plus important des ministères ; ces derniers, renfermés dans l'enceinte de leurs temples, ne communiquèrent peu ; cela dut augmenter encore le respect qu'on avait pour ces hommes isolés ; on s'accoutuma à les regarder comme des favoris des dieux, comme les dépositaires et les interprètes de leurs volontés, comme des médiateurs entre eux et les mortels.

Il est doux de dominer sur ses semblables ; les *prêtres* surent mettre à profit la haute opinion qu'ils avaient fait naître dans l'esprit de leurs concitoyens ; ils prétendirent que les dieux se manifestaient à eux ; ils annoncèrent leurs décrets ; ils enseignèrent des dogmes ; ils prescrivirent ce qu'il fallait croire et ce qu'il fallait rejeter ; ils fixèrent ce qui plaisait ou déplaisait à la divinité ; ils rendirent des oracles ; ils prédirent l'avenir à l'homme inquiet et curieux, ils le firent trembler par la crainte des châtiments dont les dieux irrités menaçaient les téméraires qui oseraient douter de leur mission ou discuter leur doctrine.

Pour établir plus sûrement leur empire, ils peignirent les dieux comme cruels, vindicatifs, implacables ; ils introduisirent des cérémonies, des initiations, des mystères, dont l'atrocité pût nourrir dans les hommes cette sombre mélancolie, si favorable à l'empire du fanatisme ; alors le sang humain coula à grands flots sur les autels, les peuples subjugués par la crainte et enivrés de superstition ne crurent jamais payer trop chèrement la bienveillance céleste : les mères livrèrent d'un œil sec leurs tendres enfants aux flammes dévorantes ; des milliers de victimes humaines tombèrent sous le couteau des sacrificateurs ; on se soumit à une multitude de pratiques et les superstitions les plus absurdes achevèrent d'étendre et d'affermir leur puissance [...].

Les peuples eussent été trop heureux si les *prêtres* de l'imposture eussent seuls abusé du pouvoir que leur ministère leur donnait sur les hommes ; malgré la soumission et la douceur, si recommandée par l'Evangile, dans des siècles de ténèbres, on a vu des *prêtres* du Dieu de paix arborer l'étendard de la révolte ; armer les mains des sujets contre leurs souverains ; ordonner insolemment aux rois de descendre du trône ; s'arroger le droit de rompre les liens sacrés qui unissent les peuples à leurs maîtres ;

traiter de tyrans les princes qui s'opposaient à leurs entreprises audacieuses ; prétendre pour eux-mêmes une indépendance chimérique des lois faites pour obliger également tous les citoyens. Ces vaines prétentions ont été cimentées quelquefois par des flots de sang : elles se sont établies en raison de l'ignorance des peuples, de la faiblesse des souverains et de l'adresse des *prêtres* ; ces derniers sont souvent parvenus à se maintenir dans leurs droits usurpés ; dans les pays où l'affreuse inquisition est établie, elle fournit des exemples fréquents de sacrifices humains, qui ne le cèdent en rien à la barbarie de ceux des *prêtres* mexicains. Il n'en est point ainsi des contrées éclairées par les lumières de la raison et de la philosophie, le *prêtre* n'y oublie jamais qu'il est homme, sujet et citoyen.

P. H. D. d'Holbach,
Article Prêtres,
Encyclopédie

Le « Système de la nature » d'Holbach, publié en 1770 sous un faux nom, bien qu'immédiatement condamné au feu et mis à l'index, suscita des controverses passionnées.

Les idées fausses que tant de personnes ont sur l'utilité de la religion, qu'ils jugent au moins propre à contenir le peuple, viennent elles-mêmes du préjugé funeste qu'il est des erreurs utiles et que des vérités peuvent être dangereuses. Ce principe est le plus propre à éterniser les malheurs de la terre : quiconque aura le courage d'examiner les choses, reconnaîtra sans peine que tous les maux du genre humain sont dus à ses erreurs, et que ces erreurs religieuses doivent être les plus nuisibles de toutes, par l'orgueil qu'elles inspirent aux souverains, par l'importance qu'on y attache, par l'abjection qu'elles prescrivent aux sujets, par les frénésies qu'elles excitent chez les peuples : on sera forcé d'en conclure que les erreurs sacrées des hommes sont celles dont l'intérêt des hommes exige la destruction la plus complète, et que c'est principalement à les anéantir que la saine philosophie doit s'attacher. Il n'est point à craindre qu'elle produise ni troubles ni révolutions ; plus la vérité parlera avec franchise, plus elle paraîtra singulière ; plus elle sera simple, moins elle séduira les hommes épris du merveilleux ; ceux-mêmes qui la cherchent avec le plus d'ardeur ont une pente irrésistible qui les porte à vouloir incessamment concilier l'erreur avec la vérité.

Voilà, sans doute, pourquoi l'athéisme, dont jusqu'ici les principes n'ont point encore été suffisamment développés, semble alarmer les personnes mêmes les plus dégagées de préjugés. Elles trouvent l'intervalle trop grand entre la superstition vulgaire et l'irréligion absolue ; elles croient prendre un sage milieu en composant avec ; elles rejettent les conséquences, en admettant le principe ; elles conservent le fantôme, sans prévoir que, tôt ou tard, il doit produire les mêmes effets et faire, de proche en proche, éclore les mêmes folies dans les têtes humaines. La plupart des incrédules et réformateurs ne font qu'élaguer un arbre empoisonné, à la racine duquel ils n'osent porter la cognée ; ils ne voient pas que cet arbre reproduira par la suite les mêmes fruits. La théologie ou la religion seront en tout temps des amas de matières combustibles couvées dans l'imagination des hommes, elles finissent toujours par causer des embrasements. Tant que le sacerdoce aura le droit d'infecter la jeunesse, de l'habituer à trembler devant les mots, d'alarmer les nations au nom d'un Dieu terrible, le fanatisme sera le maître des esprits, l'imposture à volonté portera le trouble dans les états. Le fantôme le plus simple, perpétuellement alimenté, modifié, exagéré par l'imagination des hommes, deviendra peu à peu un colosse assez puissant pour renverser toutes les têtes et culbuter des empires. Le déisme est un système auquel l'esprit humain ne peut pas longtemps s'arrêter ; fondé sur une chimère, on le verra tôt ou tard dégénérer en une superstition absurde et dangereuse.

P. H. D. d'Holbach,
Système de la nature,
Chap. XI, tome 2,
1770

La Description des arts et métiers

Patronnée par l'Académie des sciences, la « Description » est d'une certaine manière concurrente de l'« Encyclopédie » et son origine remonte au siècle précédent dans la politique volontariste de Colbert. La première moitié du XVIIIe siècle fut consacrée à rassembler des matériaux. En 1757, à la mort de Réaumur qui avait été chargé de leur classement, quelques rares fragments en étaient publiés. Le succès de l'« Encyclopédie » accéléra le mouvement, d'autant que celle-ci s'en était inspirée plus ou moins officiellement. A partir de 1761 parurent 27 volumes illustrés qui composent un ensemble largement comparable à l'« Encyclopédie » pour la richesse et la précision de la documentation.

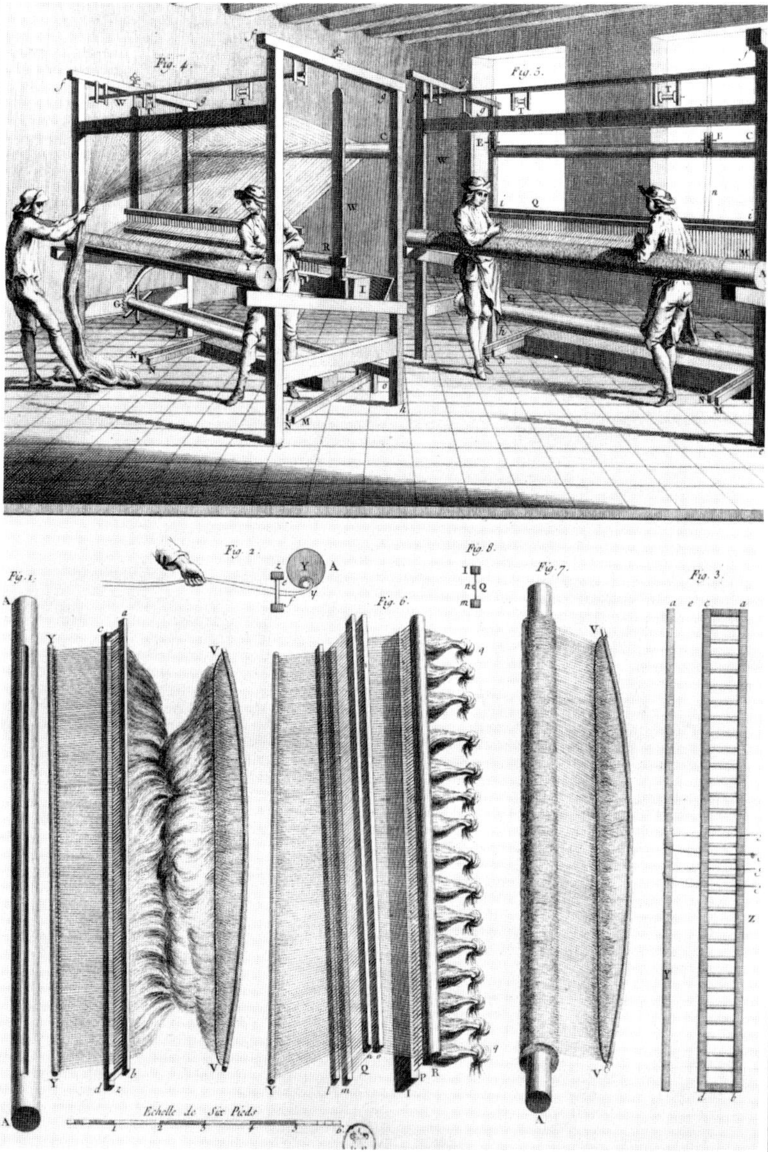
Fig. 4.
Fig. 5.
Fig. 2.
Fig. 8.
Fig. 7.
Fig. 1.
Fig. 6.
Fig. 3.
Echelle de Six Pieds

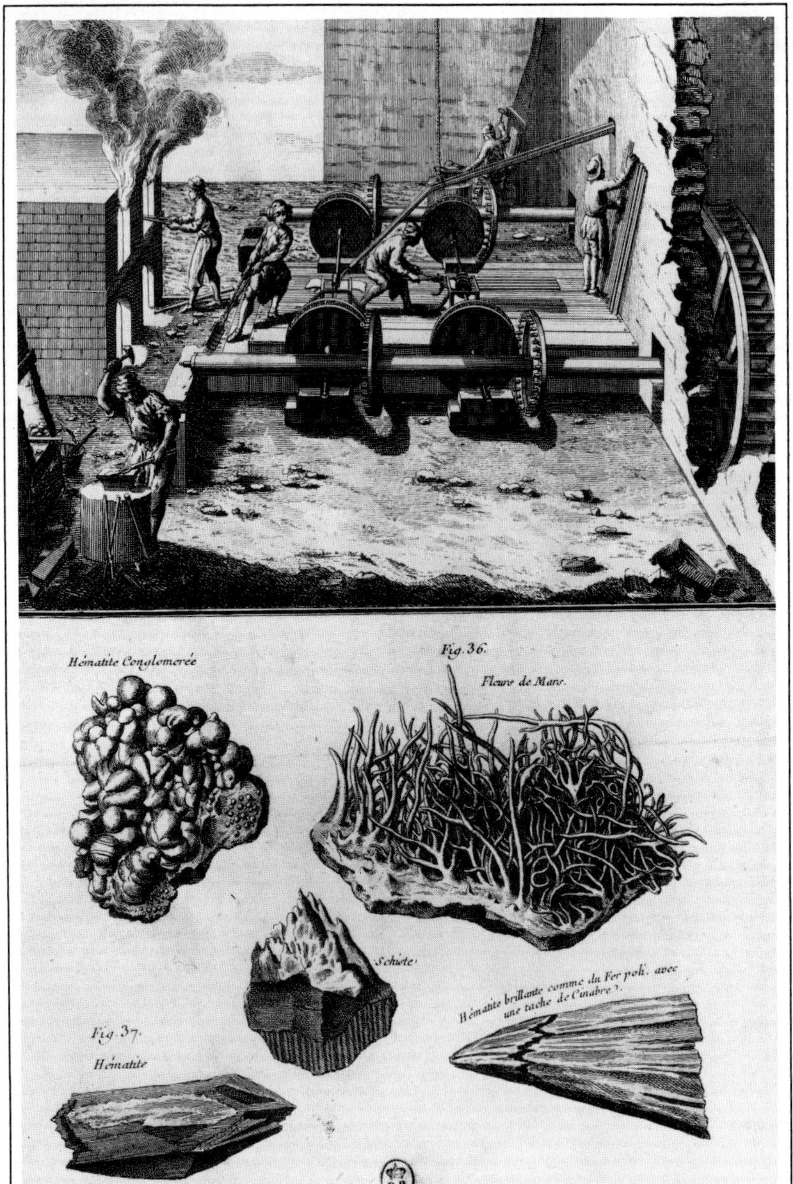
Hématite Conglomerée
Fig. 36.
Fleurs de Mars.
Schiste
Hématite brillante comme du Fer poli, avec une tache de Cinabre.
Fig. 37.
Hématite

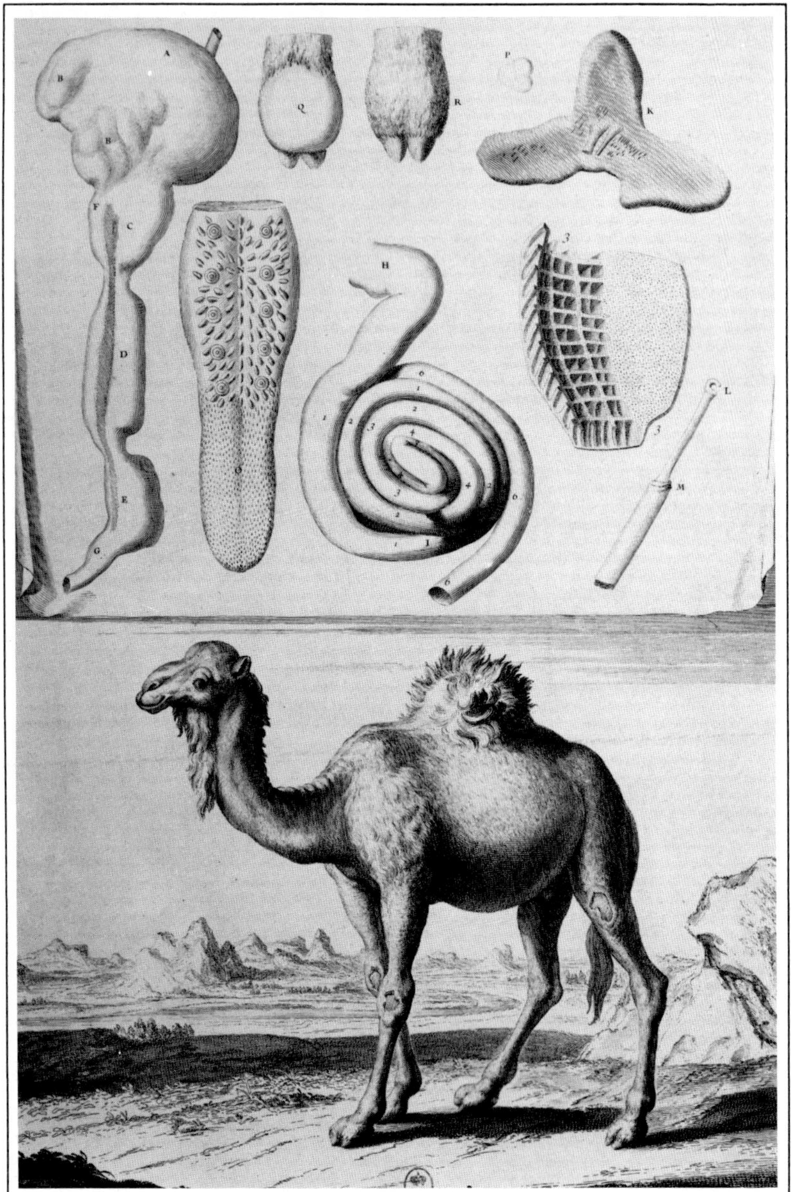
A
B
B
F
C
D
E
G
Q
R
P
K
H
O
L
M
I

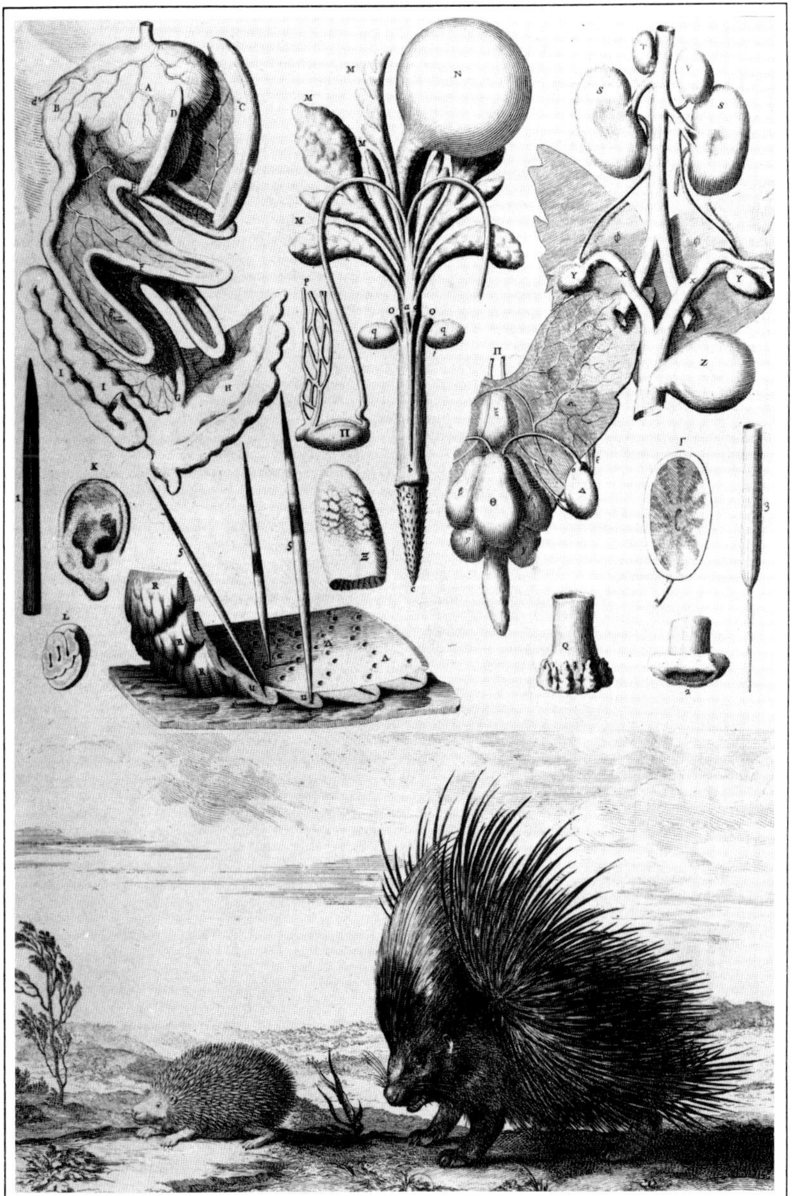

Le métier de faire un livre

Dans la France du XVIIIe siècle, l'industrie est à peine naissante. L'imprimerie reste une entreprise artisanale dont les conditions de travail s'apparentent curieusement à celles des « temps modernes » chaplinesques.

Les hommes qui s'activent dans les imprimeries du XVIIIe siècle sont les héritiers, fiers et dignes à la fois, d'une longue tradition artisanale. Leurs machines, leur savoir-faire perpétuent une technique mise au point trois siècles plus tôt par les pionniers de l'époque héroïque. Dans la sueur de l'effort, les ouvriers répètent inlassablement les gestes de Gutenberg, et si les méthodes se sont affinées, les principes n'ont pas varié.

Le compositeur est celui qui transforme le texte manuscrit en un assemblage de caractères d'imprimerie. Il a disposé devant lui sa « casse » : un large tiroir installé sur un plan incliné, à hauteur de ses mains, qui se divise en une multitude de petits casiers, les « cassetins ». Dans chacun de ceux-ci une lettre ou un signe typographique, à des dizaines d'exemplaires. Le « haut de casse » recueille les capitales ; dans le « bas de casse » les minuscules, les chiffres, les espaces qui séparent les mots dans la page s'ordonnent sagement. Tous ces caractères mobiles présentent leur « œil » aux doigts experts du typographe, qui connaissent leur place exacte, sans que le secours du regard soit nécessaire. Tandis que les yeux suivent attentivement le manuscrit calé sur le « visorium », au-dessus de la casse, la main travaille en aveugle, puisant une à une les lettres qui s'alignent dans le « composteur » serré par l'autre main. Lorsqu'une ligne est achevée, elle rejoint les précédentes sur la « galée », une pièce de bois plate fermée sur trois côtés par des rebords coulissants, réglée selon le format voulu pour la page imprimée. La galée ainsi « justifiée » se remplit peu à peu, une ligne après l'autre, et page après page, le texte manuscrit se mue en lourds assemblages de signes métalliques. Chaque atelier dispose d'un arsenal de caractères de toutes tailles, en romain et en italique. Ils sont là par milliers, qui attendent l'encre, certains soigneusement distribués dans les casses, selon leur taille, d'autres encore mélangés, en paquets, et de nombreuses jattes en bois débordent de lettres, signes, cadrats et autres vignettes ou ornements typographiques.

L'équipe des « singes »

Les gouverneurs de cette armée de plomb, les compositeurs qui saisissent sans hésiter les lettres dans les cassetins, forment l'équipe des « singes ». C'est sans doute le mouvement rapide et incessant de leurs mains qui leur a valu ce surnom. Et la métaphore du singe aux gestes sûrs et prompts nourrit toute la littérature professionnelle de l'époque :

« Ses doigts semblent voler avec agilité ;
Ils fondent sur la lettre avec avidité.
Chaque coup est certain ;
sous leur course rapide
Le métal disparaît et la casse se vide ».

Mille fois dans l'heure la main va de la casse au composteur, et peu à peu les pages sont composées ; le singe les dispose ensuite à plat sur le marbre, selon un agencement complexe qui les fera apparaître dans l'ordre de leur succession après le pliage de la feuille

Un atelier de graveurs au XVIIIe siècle.

imprimée. Pour un octavo par exemple, il entre huit pages sur un côté de la feuille. Les huit paquets de caractères sont ordonnés et serrés dans une armature de fer de soixante-cinq centimètres sur cinquante-cinq, la « forme », qui va tenir ensemble ces quelque huit à seize mille signes typographiques.

A l'intérieur de ce châssis, l'ouvrier dispose des « bois de garniture » autour de chaque page, afin de laisser apparaître des blancs à l'impression, et il serre le tout grâce à des coins biseautés, enfoncés à coups de maillet, sans ménagement, jusqu'au blocage complet de l'ensemble. La forme ainsi « imposée » est ensuite « taquée » : en passant sur l'œil des lettres une planchette de bois tendre qu'il frappe, légèrement cette fois, de son maillet, le typographe égalise sa composition ; aucune lettre ne doit dépasser afin que toutes soient également imprimées. Lestée de ces vingt kilos de plomb, la forme peut maintenant passer dans d'autres mains, noires d'encre, celles des pressiers.

L'heure de la presse est venue : une lourde machine, trois cents kilos de bois et de métal, qui se déploie comme un long bras articulé de deux mètres lorsqu'elle est ouverte. La forme est solidement amarrée sur le train de presse. Deux imprimeurs s'affairent autour de leur engin. L'un s'occupe de

l'encrage. A l'aide de deux manchons de bois garnis d'un cuir imprégné d'encre, il « touche » l'œil des caractères. L'autre prend une feuille de papier, la dépose sur le « tympan ». Sur cette planche de bois, il rabat la « frisquette », un châssis de fer plat qui laisse juste apparaître le texte, et protège les blancs des bavures d'encre. Tympan, frisquette et papier tombent avec fracas sur le « coffre », d'un coup de manivelle le tout est glissé sous la plainte, l'imprimeur titre une première fois son barreau, la vis tourne, la platine descend, comprime le tympan et presse la moitié de la feuille de papier sur les caractères encrés. Il recommence ensuite en faisant glisser la seconde moitié de feuille sous la platine, et, en deux coups de barreau, l'impression est faite. On corrige attentivement la première feuille pour en éliminer les coquilles ; en général, on procède à trois vérifications ; la dernière épreuve, la « tierce », subit un ultime contrôle avant le tirage proprement dit, qui peut aller jusqu'à quinze cents ou deux mille exemplaires sans que la qualité de l'impression ne diminue trop. C'est là le travail le plus pénible, à la fois dur et salissant.

Les « Hercules de l'atelier »

Le jeune héros des *Anecdotes typographiques* se dit « effrayé de l'aspect épouvantable et de la noirceur des pressiers, du grand bruit que produit le mouvement rapide des presses ». La saleté et le mouvement de va-et-vient par lequel ils se portent de l'encrier à la presse et de la presse à l'encrier, tels des ours en cage, ont valu aux imprimeurs le sobriquet d'« ours ». Cela convient bien à ces Hercules de l'atelier, qui se cambrent sur leur machine pour « tirer le barreau », se renversent en arrière en s'arc-boutant sur le marchepied de la presse de tout le poids de leur corps. Il y faut du muscle, et ce travail exige un effort immense au rythme saccadé et rapide. Les deux ouvriers se relaient alternativement à l'encrage et au tirage car « celui qui tire le barreau ne résisterait pas toute une journée à ce travail ». On tire en effet quelque quinze cents feuilles par jour ; imprimées de chaque côté, cela fait trois mille manipulations et six mille coups de barreau, six mille coups secs de l'épaule et du bras, au rythme d'un toutes les quinze secondes ! Comment mettre par écrit la besogne humaine ?

Der Büchhändler.
Süchst ihr der Weisheit Schatz: gebt güte Bücher Platz
Was ist des Menschen Leib alhier?
ein Wander-Güt auff alle Stünde
ein offt gedrücketes Papier;
ein Büch in Trübsal eingebünden,
mit diesen handelt Tod ünd Zeit,
bis einst aüspackt die Ewigkeit.

Dans l'*Encyclopédie* de Diderot, l'auteur de l'article Imprimerie essaie d'en faire percevoir le rythme ; le texte s'accélère, à la cadence même des gestes des deux ours ; « Quand donc les compagnons sont en train, tout le travail se partage de façon qu'ils sont également occupés tous les deux et que ni l'un ni l'autre ne perd un moment. Pendant que le second imprimeur touche, le premier prend une feuille, la marge et abaisse la frisquette. Après que la forme est touchée, il abat le tympan, roule la presse, tire son premier et son second coup, déroule la presse et lève le tympan. Aussitôt que le tympan est enlevé, le second imprimeur touche pour une autre feuille ; et pendant qu'il touche, le premier lève la frisquette, prend la feuille imprimée, la met à côté du papier à imprimer, prend une feuille blanche, la marge et abaisse la frisquette, et après que la forme a été touchée, abat le tympan, roule la presse, imprime la feuille, déroule la presse et lève le tympan, le second a alternativement le temps de broyer de l'encre, d'en prendre, de distribuer les balles et de regarder l'ouvrage ; car aussitôt que le tympan est levé, si rien n'arrête, le second imprimeur doit toucher, afin que son compagnon n'attende pas après lui » (tome VIII, p. 619).

Quand la besogne est en train, son rythme puissant paraît ne jamais devoir s'arrêter. Mais il faut dire aussi l'intensité du travail, car l'*Encyclopédie* le fait paraître bien aisé, à la manière d'une mécanique allègre et bien huilée. Or tout l'atelier résonne de l'effort déployé ; la vis grince, la presse gémit, les bras transpirent. Les ours travaillent dans le vacarme et la sueur, muscles tendus, corps cambrés, déformés par le labeur. Le barreau déchire l'épaule et l'omoplate.

Philippe Minard,
Typographes des Lumières, 1989

Auteur et éditeur : les malentendus

Les soucis de Diderot ne furent pas seulement de parvenir à construire un ouvrage cohérent. De multiples complications vinrent de ses éditeurs. Classiques comme les problèmes techniques que pose une réalisation typographique aussi complexe, ou particuliers à l'« Encyclopédie » avec les corrections apportées par les éditeurs au texte fourni par Diderot, les débats s'envenimèrent, avec Le Breton au premier chef.

A Monsieur Le Breton

[vers février 1751]

Monsieur,

Je vous prie de dire aux compositeurs, une fois pour toutes, qu'il ne faut point de lettres où il n'y en a point ; et par conséquent de mettre exactement celles que j'ai marquées, et de n'en point mettre d'autres.

Je vous prie encore de m'envoyer une copie du catalogue de ces lettres qui appartiennent à chacun. J'en avais trois, et elles se trouvent toutes trois, sinon perdues, du moins égarées. Joignez, s'il vous plaît, à cette copie, un article qui suit l'article Ame et qui est intitulé Ame des bêtes. Je suis bien aise de le revoir. Ma Lettre est imprimée, comme vous savez. Si vous en voulez, faites-m'en demander, et je vous en enverrai tant qu'il vous plaira. Je fais la même offre à MM. les Associés. Mais comme ils n'ont pas été d'avis de l'imprimer, je ne crois pas qu'ils soient d'avis de la répandre.

Je suis, avec mon dévouement ordinaire,

Monsieur,
Votre très humble
et très obéissant
Diderot.

Diderot
Œuvres complètes,
Editions Lewinter, tome II, p. 863-864

A Monsieur Le Breton

Ce 4 mars 1769

Je souhaite, Monsieur, pour vos véritables intérêts, que vous entendrez mieux vos autres affaires que celle-ci, et, pour tous ceux qui seront dans le cas de vous obliger, que n'usiez pas avec eux de la même logique.

Vous appelez ma première lettre un

libellé. Je ne sais si c'en est un ; mais ce que je n'ignore pas et ce que votre conscience doit vous dire, c'est que personne depuis qu'on imprime, n'ayant de sa propre autorité, aussi injustement, aussi sourdement, aussi cruellement lésé un auteur que je l'ai été par vous, il n'y a sorte de discours, sorte de procédé que je ne pusse avoir, tenir, sans que vous fussiez en droit de vous en plaindre. J'étais fort le maître de quitter l'entreprise ; en ce cas j'étais autorisé, obligé d'en dire publiquement le motif. Je vous ruinais ; je vous déshonorais. Vos associés le sentaient bien. Je n'en ai rien fait. Je me suis tu. J'ai souffert la plus cruelle peine que j'ai ressentie de ma vie ; et j'ai achevé votre ouvrage ; et j'ai eu la condescendance d'aller l'achever chez vous. Pour bien apprécier cette action, il faut quitter la place d'imprimeur, et se mettre à celle d'un auteur estropié, démembré, mutilé, et cela pendant deux ou trois ans, et la durée de sept volumes in-folio.

Il est bien inhumain à vous de venir me replonger ce poignard dans le sein. Je n'ai jamais proposé trois mille livres à M. Daubenton ; je n'ai jamais eu qu'un mot et qu'un seul traité avec M. Daubenton ; je ne vous ai jamais parlé de trois mille livres. Il y a plus. Je ne vous ai jamais parlé de rien. L'unique transaction qui ait été faite entre M. Daubenton et moi, porte sur six mille livres et l'exemplaire ; et M. d'Holback avait avancé deux mille quatre cents livres, en payement à M. Daubenton lorsque vous avez commencé à payer des planches. Cette somme avancée par mon ami, en ma considération, lui a été due pendant trois ans. Elle ne lui est rentrée qu'au moment où le traité a été consommé.

Denis Diderot.

C'est encore à ma considération qu'il a fait toute la partie minéralogique gratuitement ; comme c'était à ma considération qu'il avait suivi l'ouvrage presque depuis le commencement jusqu'à la fin.

Je vous ai servi de tout ce qui était en moi. Je vous ai servi de tout ce qui était au pouvoir de mes amis. Ils y ont mis temps, argent, talent, courage et peine ; vous ne pouvez le nier. A présent comparez ces procédés avec les vôtres, et jugez qui de nous est en reste.

Et pour en revenir à l'affaire en question ; et que m'importait que votre Histoire naturelle fût excellente et mauvaise ? Qu'est-ce que j'y gagnais à la faire réparer ? Bien de l'embarras, bien du travail, des querelles sans fin avec M. Daubenton, cent cinq planches à revoir, à soigner, à payer en partie ; et puis c'est tout. Mes honoraires en ont-ils été augmentés d'une épingle ? Non, Monsieur ; non ; et par la mauvaise foi de Deferth et ma négligence, j'ai payé deux fois le même billet ; j'ai acquitté deux fois la même quittance de M. Daubenton ; j'ai perdu quatre cent quatre-vingts livres à cette affaire ; et vous vous étonnez après cela que je jette les hauts cris, lorsque vous me renvoyez M. Daubenton pour son exemplaire, et que vous m'exposez par un procès à boire jusqu'à la lie l'amertume du calice encyclopédique. [...]

Vous me demandez, Monsieur, quand j'ai supporté les charges de l'ouvrage dont vous avez le profit ? Puisque vous avez l'indiscrétion de m'en faire la demande, je n'aurai pas la délicatesse de vous en épargner la réponse.

C'est quand j'ai fait travailler toutes mes connaissances et tous mes amis gratuitement.

C'est lorsque j'ai procuré gratuitement l'asile, la nourriture, les instructions, pendant des mois entiers, et gratuitement, vous dis-je, à votre dessinateur, chez moi, chez mes connaissances et chez mes amis.

C'est lorsque j'ai donné, non seulement, les deux exemplaires que je tenais de vous, mais ceux qui m'étaient dus, à ceux qui travaillaient pour vous.

C'est lorsque je faisais pour la perfection de l'ouvrage, bien plus que mon devoir pur et simple d'éditeur ne l'exigeait.

C'est lorsque vous étiez dans le cas de faire des fonds, et que je gardai pendant un an et demi, bref tant qu'il vous a plu, des billets de la Société, sans intérêt, et pour dix mille francs, ces dix mille francs font partie des trente mille dont vous me faites la rente.

C'est lorsque j'ai engagé M. d'Holback à me prêter cent louis, qui lui ont été dus pendant trois ans sans intérêt, pour faire les premières avances à M. Daubenton.

C'est lorsque je l'ai engagé lui à faire gratuitement la minéralogie dont M. Daubenton ne voulait pas se charger.

C'est lorsque M. Leroi de Versailles fit gratuitement les chasses et l'économie rustique pour moi, sans qu'il vous en coûtât rien.

C'est lorsque j'enfermai pendant trois mois Goussier chez moi, à ma table, pour lui faire dépouiller les manuscrits de M. Trudaine sur les salines et les manuscrits du Roi sur les pêches.

Je ne finirais point, Monsieur, si je voulais pousser ce détail ; et quand il vous plaira d'en savoir davantage, je me charge de vous prouver que je vous ai épargné cinquante mille francs, et qu'il m'en a coûté pour mon compte plus de dix mille.

Mme Diderot, qui en sait quelque chose, vous démontrera que dix louis par an, surtout dans les commencements, ne me défrayaient pas en paquets et en ports de lettres. [...]

Donnez-vous donc la peine, M. Le Breton, de lire tranquillement cette lettre ; et de concevoir que si je n'ai jamais parlé des sacrifices que j'ai faits à la Société, ils n'en sont pas moins réels. Vous me direz peut-être, car il n'y a rien que vous ne disiez pour vous dispenser de gratitude, que vous avez ignoré ces services. Mais avec un peu de réflexion, vous les auriez aperçus.

Vous avez fait des ingrats, Monsieur ; cela se peut ; mais en suis-je ? Qu'avez-vous fait pour moi, que vous n'ayez fait en même temps pour vous ? Et quand vous m'eussiez donné de l'or aussi gros que vous, croyez-vous que vous eussiez jamais effacé l'injure mortelle de sabrer, barbouiller

"Car il n'y a que la liberté d'agir et de penser qui soit capable de produire de grandes choses".
Diderot, *Discours préliminaire.*

clandestinement mon travail ; que vous eussiez jamais acquitté le silence que j'ai gardé sur un procédé qui n'a point de nom, comme il n'a point d'exemple.

Vous calculez mal. Vous avez, je crois, bien mérité de vos associés. Mais il ne faut pas reverser sur moi les sacrifices que vous leur avez faits. Cela ne me concerne en rien.

Trouver en moi de la consolation ! Quoique j'aie l'âme très gonflée, si vous étiez dans l'infortune, je serais dans une heure à votre porte.

Trouver en moi de la consolation ! Lorsque la blessure que vous me fîtes saignait encore, vous fûtes conduit à la Bastille ; je ne balançai pas. Je vis le magistrat. Je vis tous mes amis. Je courus chez vous ; et je fus le premier à instruire Mme Le Breton du moment de votre sortie. Les mécontentements les plus durs ne tiennent pas dans mon cœur lorsque les circonstances exigent que je les aie oubliés. Si je puis vous être utile, je ne me vengerai qu'en vous servant. Si cette sorte de vengeance

Les amateurs de livres.

n'est pas faite pour tout le monde, c'est la mienne.

Vous n'avez jamais été insulté par moi. Je vous ai écrit une première lettre très violente et que vous méritiez bien. Je ne sais plus ce qu'elle contenait ; mais, ce n'est pas à votre place qu'il faut la juger ; c'est à la place d'un homme aussi cruellement joué, trompé ; à la place d'un auteur à qui un des associés à son ouvrage fait, de son autorité privée, plus de mal lui seul que tous leurs ennemis communs n'avaient pu leur en faire. Ne me reprochez rien, Monsieur. Félicitez-vous seulement d'avoir eu affaire à un homme aussi modéré et d'en avoir été quitte pour une lettre violente.

Quant à la seconde, vous l'avez mal entendue ; je ne vous dis pas que vous soyez bas, ni même injuste, ni même ingrat. Je vous dis que si j'ai un procès pour l'affaire de M. Daubenton, c'est ainsi que le public vous verra ; et je vous dis la vérité.

Lorsque je vous dis que vous vous repentirez de ce procès, ce n'est point une menace que je vous fais ; c'est un conseil d'ami que je vous donne, en vous prévenant sur les suites fâcheuses de cette affaire.

Je ne sais quelle est la sorte d'opinion que vous avez eue de mes talents, mais quelle qu'elle soit, ces talents ont été employés pour vous pendant vingt-cinq ans.

Je ne m'acharne point contre vous particulièrement. Mais vos associés ne m'ont point fait de mal ; mais ce ne sont pas vos associés qui m'ont mutilé, mais ce ne sont pas vos associés qui m'ont promis ce qu'ils ne tiennent pas ; mais ce ne sont pas vos associés qui refusent l'exemplaire à M. Daubenton ; mais ce ne sont pas vos associés qui me renvoient M. Daubenton pour obtenir son exemplaire ; mais ce ne sont pas vos associés qui m'attirent un procès ; mais vos associés ne sont que pour une petite partie dans les avantages de l'entreprise ; je ne dis pas que vous soyez un méchant homme, mais je dis que vous m'exposez vivant à tous les inconvénients de la méchanceté ; je ne dis pas que vous soyez un ingrat, mais je dis que vous oubliez les services, que vous feignez de les ignorer, et que sans vous en apercevoir, vous avez la logique de l'ingratitude, surtout lorsque l'on est dans le cas de vous servir. Vous êtes riche, M. Le Breton ; et vous prenez les défauts de la richesse, sans vous en douter. Vous vous dispensez même de rendre les devoirs de politesse les plus indispensables.

Je ne cherche point à vous faire des ennemis, et pourquoi le chercherais-je ? Le mal que vous m'avez fait est fait ; il n'y a plus de remède, il ne me reste plus qu'à me réjouir qu'il ne soit pas retombé sur vous-même.

Je ne me repentirai jamais de rien, parce que je n'ai jamais nui qu'à moi-même ; et que si vous êtes jamais dans le cas de me nuire, et que vous le fassiez, vous en serez plus à plaindre que moi.

Après avoir écrit d'une manière assez modérée, il ne vous en aurait pas coûté beaucoup pour finir votre lettre avec quelque politesse ; vous ne l'avez pas jugé à propos. A la bonne heure.

Je suis très parfaitement, Monsieur, votre très humble et très obéissant serviteur.

Diderot

Marie-Jeanne Durry,
Autographe de Mariemont,
tome II, 1955.

Sous le regard de la police

De 1748 à 1753, l'inspecteur chargé de la police du livre établit plus de cinq cents fiches d'auteurs décrits physiquement et moralement. Parmi eux, on trouve vingt-deux encyclopédistes. Voici quelques échantillons de cette prose policière. Certains portraits express sont assez fascinants.

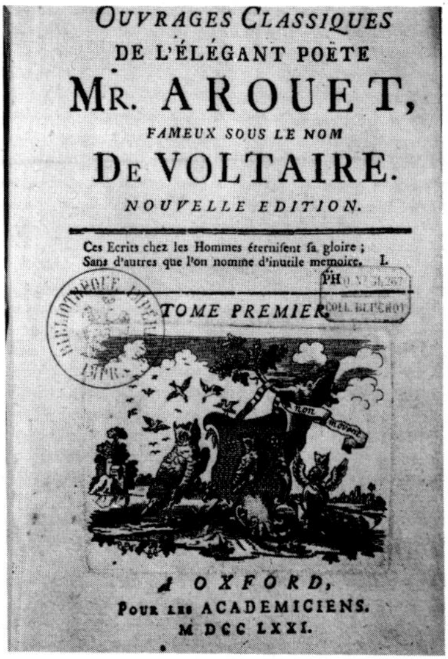

OUVRAGES CLASSIQUES
DE L'ÉLÉGANT POËTE
MR. AROUET,
FAMEUX SOUS LE NOM
DE VOLTAIRE.
NOUVELLE EDITION.

Ces Ecrits chez les Hommes éternisent sa gloire ;
Sans d'autres que l'on nomme d'inutile memoire. L.

TOME PREMIER.

A OXFORD,
POUR LES ACADEMICIENS.
M DCC LXXI.

Nom : Alembert (d'), auteur, 6 mai 1751

Age : 35 ans.
Pays : Paris.
Signalement : Petit homme d'une physionomie assez commune.
Demeure : Rue Michel-Comte, chez sa nourrice qui est vitrière.
Histoire : Il est le bâtard de Madame de Tencin, sœur du cardinal de Tencin, et du chevalier Destouches, qui lui a laissé 1 500 livres de rente. Sa mère n'a jamais voulu le voir. C'est un homme charmant pour le caractère et l'esprit. A l'âge de dix-huit ans, il fut reçu à l'Académie des sciences ; il l'est aussi de celle de Berlin. Il excelle surtout dans la géométrie, et travaille maintenant avec Diderot au *Dictionnaire encyclopédique.*

Nom : Arrouet de Voltaire, auteur, 1 janvier 1748

Age : 57 ans.
Pays : Paris, fils d'un payeur de rentes.
Signalement : Grand, sec et l'air d'un satyre.
Demeure : Rue Traversine, chez Madame la marquise du Châtelet.
Histoire : C'est un aigle pour l'esprit et un fort mauvais sujet pour les sentiments. Tout le monde connaît ses ouvrages et ses aventures. Il est de l'Académie française. Madame Denis est sa nièce.

Au mois de juin 1750, il a quitté tout à fait sa patrie pour aller en Prusse ; sa place d'historiographe a été donnée à Duclos.

Il avait perdu le 15 septembre précédent Madame la marquise du Châtelet.

Après son arrivée en Prusse, il y fit venir d'Arnaud, qu'il fit recevoir à

Portrait de d'Alembert avec ses instruments de géométrie.

l'Académie de Berlin, mais quelque temps après, s'étant brouillé avec lui au sujet d'une préface que d'Arnaud avait faite pour mettre à une édition des œuvres de Voltaire, celui-ci le fit chasser de Prusse.

Le 29 avril 1751. J'ai été chargé de faire une perquisition de l'ordre du roi chez le nommé Longchamp, valet de chambre de Voltaire, et chez le nommé Lafond, ci-devant valet de chambre avec sa femme de Madame du Châtelet. Voyez à ce sujet mon rapport.

J'ai su que le véritable sujet de cette visite était pour tâcher d'y trouver les lettres que Voltaire avait écrites à Madame du Châtelet touchant leur amour, que cette dame avait fait relier

Diderot rend visite à Catherine II de Russie.

en quatre volumes, et que, ne les ayant point trouvées après sa mort, on craignait que la femme de chambre ne les eut prises pour les faire imprimer, ce qui serait plaisant. Voltaire ayant craint cet accident fit prier Monsieur d'Argenson de faire faire cette perquisition sous un autre prétexte, ce qui n'a cependant pas eu de succès.

Le 4 mai suivant, le magistrat m'a dit qu'il savait à coup sûr que lorsque nous fîmes la perquisition chez Longchamp, il y avait dans son tiroir de son bureau les vers écrits contre le roi et Madame la marquise et que Longchamp s'en était vanté, et qu'il avait même fait un mémoire contre Madame Denis et Voltaire au sujet de l'injustice de cette perquisition.

Nom : Diderot, auteur, 1 janvier 1748

Age : 36 ans.
Pays : Langres.
Signalement : Moyenne taille et la physionomie assez décente.
Demeure : Place de l'Estrapade chez un tapissier.
Histoire : Il est fils d'un coutelier de Langres.

C'est un garçon plein d'esprit mais extrêmement dangereux.

Il a fait *Les Pensées philosophiques, Les Bijoux* et d'autres livres de ce genre.

Il a fait aussi *L'Allée des idées,* qu'il a chez lui en manuscrit, et qu'il a promis de ne point faire imprimer.

Il travaille à un *Dictionnaire encyclopédique* avec Toussaint et Eidous.

Le 9 juin 1749. Il a donné un livre intitulé *Lettre sur les aveugles à l'usage de ceux qui voient.*

Le 24 juillet. Il a été arrêté et conduit à Vincennes à ce sujet.

Il est marié et a eu cependant Mme de Puysieux pour maîtresse pendant assez de temps.

Année 1749.

Auteur de livres contre la religion et les bonnes mœurs.

Denis Diderot, natif de Langres, auteur demeurant à Paris.
Entré au donjon de Vincennes le 24 juillet 1749, mis en liberté du donjon et a eu le château pour prison par ordre du 21 août suivant.

Sorti le 3 novembre, même année.
Pour avoir composé un ouvrage intitulé :
1° *Lettre sur les aveugles à l'usage de ceux qui voient clair ; Les Bijoux indiscrets ; Pensées philosophiques ; Les Mœurs ; Le sceptique ou l'allée des idées ; L'Oiseau blanc, Conte bleu, etc.*

C'est un jeune homme qui fait le bel esprit et se fait trophée d'impiété, très dangereux. Parlant des saints mystères avec mépris, il disait que lorsqu'il viendrait au dernier moment de sa vie, il se confesserait comme les autres et qu'il recevrait ce que l'on appelle Dieu, qu'il ne le fera point par devoir, mais par rapport à sa famille de crainte qu'on ne leur reproche qu'il est mort sans religion.

Le commissaire De Rochebrune
D'Hemery, exempt de robe courte

Nom : Montesquieu (Le Président de), auteur, 1er avril 1749

Age : 60 ans.
Signalement : Petit, maigre, et la vue basse.
Demeure : Rue Saint-Dominique, faubourg Saint-Germain.
Histoire : Il est de l'Académie française, de la Société royale de Londres, de l'Académie de Berlin et ci-devant président à Mortier au Parlement de

Guyenne. C'est un homme d'un esprit infini, très incommodé de la vue.

Il a fait différents ouvrages charmants, savoir *Les Lettres persanes, Le Temple de Gnide,* et le fameux livre de *L'Esprit des lois,* qu'il a fait imprimer tacitement à Genève en deux volumes in-quarto.

Il a eu beaucoup de désagrément à ce sujet, tant du côté de la Sorbonne, qui voulait le censurer, que du côté de M. le Chancelier, qui voulait le proscrire.

Cependant tout cela s'est accommodé par toutes les démarches qu'il a faites, et il a eu plusieurs éditions à Paris avec permission tacite.

Nom : Prades (L'abbé de), auteur, 1er janvier 1753

Age : 28 ans.
Pays : Montauban.
Signalement : Grand, maigre, brun, portant ses cheveux et le visage marqué de petite vérole.
Histoire : C'est un prêtre de condition du diocèse de Montauban et qui était habitué à Saint-Barthélemy, où il disait la messe lorsqu'il lui est arrivé sa fameuse affaire concernant la thèse qu'il a soutenue en Sorbonne, qui l'a obligé de s'expatrier.

C'est un garçon d'esprit, fort vif et un peu fou. Il travaille à l'*Encyclopédie* avec l'abbé Yvon, qui a aussi été obligé de s'enfuir parce qu'on le soupçonnait d'avoir bonne part à la thèse.

L'abbé de Prades a passé en Prusse, où il a trouvé un établissement honnête auprès du roi, et l'abbé Yvon a passé en Hollande, où il n'est pas trop à son aise.

Nom : Rousseau de Genève, Auteur, 1er janvier 1753

Age : 41 ans.
Pays : Genevois.
Signalement : Petit, complexion extrêmement délicate au point de ne

Le donjon de Vincennes dans lequel fut incarcéré Diderot en 1749.

"Le génie de Voltaire et de Rousseau conduisant ces écrivains célèbres au temple de la gloire et de l'immortalité".

pouvoir pas aller en carrosse, barbe brune, sourcils de même.
Demeure : Rue Coquillière, chez un fameux tailleur.
Histoire : C'est un homme d'un mérite éminent et le second volume de Morabin pour le caractère. (Le rapport sur Morabin dit : « C'est un homme singulier et d'une société dure » et le signale ainsi : « Taille ordinaire, mal bâti, ayant l'air d'un ours ».)

Il a beaucoup d'esprit et a fait des ouvrages de littérature qui lui ont attiré de furieuses critiques, desquelles il s'est parfaitement bien tiré.

Il a fait aussi plusieurs opéras qui ont été joués avec beaucoup de succès sur le Théâtre des Petits Appartements.

Il a travaillé à la partie de la musique dans l'*Encyclopédie.*

Nom : Saint Lambert (Le marquis de), auteur, 1 avril 1749

Pays : Lorraine.
Histoire : C'est un fort aimable homme, ancien capitaine de cavalerie.

Il vient de faire imprimer une lettre, qu'il adresse à M. le prince de Beauvau, au sujet du jansénisme.

Le 1er novembre 1759. J'ai appris qu'il était de la cour du roi de Pologne, duc de Lorraine.

Robert Darnton,
« Les Encyclopédistes et la police »,
Recherches sur Diderot et l'Encyclopédie.
n° 1, octobre 1986

Goussier, le dessinateur, dans sa vie privée

De chair et de sang, les auteurs de l'« Encyclopédie » le sont souvent pour leur malheur. Diderot a représenté, à peine déguisé, son collaborateur Goussier, sous le nom de « Gousse », dans des pages savoureuses de « Jacques le Fataliste ». Le monde de l'« Encyclopédie » n'était pas toujours celui de la bourgeoisie convenable. La bohème intellectuelle y avait sa part.

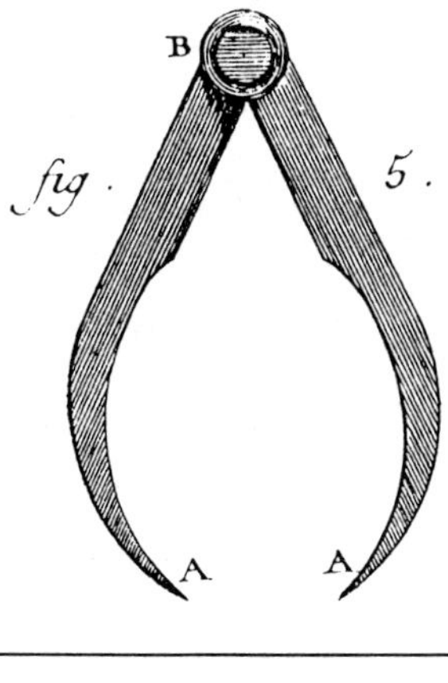

C'est Diderot qui parle.

Moi, qui vous parle, j'ai rencontré le pendant du *Médecin malgré lui,* que j'avais regardé jusque-là comme la plus folle et la plus gaie des fictions. – Quoi ! le pendant du mari à qui sa femme dit : J'ai trois enfants sur les bras ; et qui lui répond : Mets-les à terre... Ils me demandent du pain : donne-leur le fouet ? – Précisément. Voici son entretien avec ma femme.

« Vous voilà, monsieur Gousse ?

– Non, madame, je ne suis pas un autre.

– D'où venez-vous ?

– D'où j'étais allé.

– Qu'avez-vous fait là ?

– J'ai raccommodé un moulin qui allait mal.

– A qui appartenait ce moulin ?

– Je n'en sais rien ; je n'étais pas allé pour raccommoder le meunier.

– Vous êtes fort bien vêtu contre votre usage ; pourquoi sous cet habit, qui est très propre, une chemise sale ?

– C'est que je n'en ai qu'une.

– Et pourquoi n'en avez-vous qu'une ?

– C'est que je n'ai qu'un corps à la fois.

– Mon mari n'y est pas, mais cela ne vous empêchera pas de dîner ici.

– Non, puisque je ne lui ai confié ni mon estomac ni mon appétit.

– Comment se porte votre femme ?

– Comme il lui plaît ; c'est son affaire.

– Et vos enfants ?

– A merveille !

– Et celui qui a de si beaux yeux, un si bel embonpoint, une si belle peau ?

– Beaucoup mieux que les autres ; il est mort.

– Leur apprenez-vous quelque chose ?

"La gravure répondra à la perfection des dessins", Diderot, *Discours préliminaire.*

– Non, madame.
– Quoi ? ni à lire, ni à écrire, ni le catéchisme ?
– Ni à lire, ni à écrire, ni le catéchisme.
– Et pourquoi cela ?
– C'est qu'on ne m'a rien appris, et que je n'en suis pas plus ignorant. S'ils ont de l'esprit, ils feront comme moi ; s'ils sont sots, ce que je leur apprendrais ne les rendrait pas moins sots... »

Si vous rencontrez jamais cet original, il n'est pas nécessaire de le connaître pour l'aborder. Entraînez-le dans un cabaret, dites-lui votre affaire, proposez-lui de vous suivre à vingt lieues, il vous suivra ; après l'avoir employé, renvoyez-le sans un sou ; il s'en retournera satisfait.

Avez-vous entendu parler d'un certain Prémonval qui donnait à Paris des leçons publiques de mathématiques ? C'était son ami... Mais Jacques et son maître se seront peut-être rejoints : voulez-vous que nous allions à eux, ou rester à moi ?... Gousse et Prémonval tenaient ensemble l'école. Parmi les élèves qui s'y rendaient en foule, il y avait une jeune fille appelée Mlle Pigeon, la fille de cet habile artiste qui a construit ces deux beaux planisphères qu'on a transportés du Jardin du Roi dans les salles de l'Académie des sciences. Mlle Pigeon allait là tous les matins avec son portefeuille sous le bras et son étui de mathématiques dans son manchon. Un des professeurs, Prémonval, devint amoureux de son écolière, et tout à travers les propositions sur les solides inscrits à la sphère, il y eut un enfant de fait. Le père Pigeon n'était pas homme à entendre patiemment la vérité de ce corollaire. La situation des amants devient embarrassante, ils en confèrent ; mais n'ayant rien, mais rien du tout, quel pouvait être le résultat de leurs délibérations ? Ils appellent à leur secours l'ami Gousse. Celui-ci, sans mot dire, vend tout ce qu'il possède, linge, habits, machines, meubles, livres, fait une somme, jette les deux amoureux dans une chaise de poste, les accompagne à franc étrier jusqu'aux Alpes ; là il vide sa bourse du peu d'argent qui lui restait, le leur donne, les embrasse, leur souhaite bon voyage, s'en revient à pied demandant l'aumône jusqu'à Lyon, où il gagna à peindre les parois d'un cloître de moines de quoi revenir à Paris sans mendier. – Cela est très beau. – Assurément ; et d'après cette action héroïque vous croyez à Gousse un grand fonds de morale ? Eh bien, détrompez-vous, il n'en avait pas non plus qu'il n'y en a dans la tête d'un brochet. – Cela est impossible. – Cela est. Je l'avais occupé. Je lui donne un mandat de quatre-vingts livres sur mes commettants, la somme était écrite en chiffres ; que fait-il ? Il ajoute un zéro et se fait payer huit cents livres. – Ah ! l'horreur ! – Il n'est pas plus malhonnête quand il me vole qu'honnête quand il se dépouille pour un ami ; c'est un original sans principes. Ces quatre-vingts francs ne lui suffisaient pas, avec un trait de plume il s'en procurait huit cents dont il avait besoin. Et les livres précieux dont il me fait présent ? – Qu'est-ce que ces livres ? – Mais Jacques et son maître ?

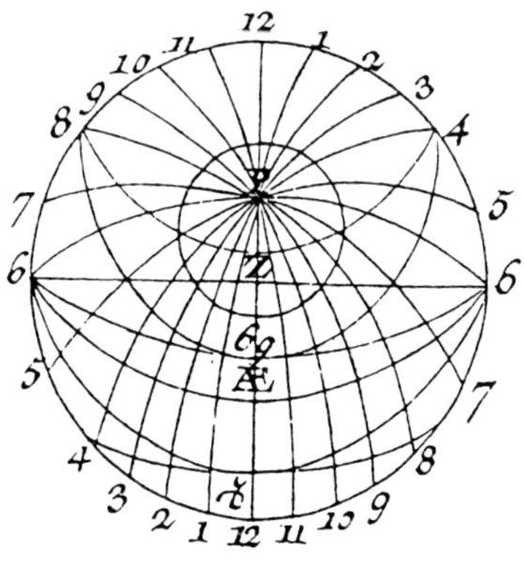

mais les amours de Jacques ? Ah ! lecteur, la patience avec laquelle vous m'écoutez me prouve le peu d'intérêt que vous prenez à mes deux personnages, et je suis tenté de les laisser où ils sont... J'avais besoin d'un livre précieux, il me l'apporte ; quelque temps après j'ai besoin d'un autre livre précieux, il me l'apporte encore ; je veux les payer, il en refuse le prix. J'ai besoin d'un troisième livre précieux. « Pour celui-ci, me dit-il, vous ne l'aurez pas, vous avez parlé trop tard ; mon docteur de Sorbonne est mort.

– Et qu'a de commun la mort de votre docteur de Sorbonne avec le livre que je désire ? Est-ce que vous avez pris les deux autres dans sa bibliothèque ?

– Assurément !

– Sans son aveu ?

– Eh ! qu'en avais-je besoin pour exercer une justice distributive ? Je n'ai fait que déplacer ces livres pour le mieux, en les transférant d'un endroit où ils étaient inutiles dans un autre où l'on en ferait bon usage... » Et prononcez après cela sur l'allure des hommes ! Mais c'est l'histoire de Gousse avec sa femme qui est excellente... Je vous entends, vous en avez assez, et votre avis serait que nous allassions rejoindre nos deux voyageurs. Lecteur, vous me traitez comme un automate, cela n'est pas poli ; dites les amours de Jacques ; ne dites pas les amours de Jacques ; je veux que vous me parliez de l'histoire de Gousse ; j'en ai assez. Il faut sans doute que j'aille quelquefois à votre fantaisie. Mais il faut sans doute que j'aille quelquefois à la mienne ; sans compter que tout auditeur qui me permet de commencer un récit s'engage d'en entendre la fin.

Diderot,
Jacques le Fataliste

Valeurs encyclopédiques et Révolution

Fourrier de la Révolution jacobine, sous-produit de la franc-maçonnerie, l'« Encyclopédie » n'a pas manqué d'interprétations polémiques. A la fin du XXe siècle, après le succès remporté provisoirement par la vision marxiste d'une « Encyclopédie » témoignant de l'idéologie progressiste bourgeoise, une nouvelle école d'historiens, spécialistes de l'économie du livre et des mentalités, a proposé une synthèse plus raffinée du phénomène encyclopédique.

Une assemblée de francs-maçons.

L'idéologie de la Révolution

L'histoire de la publication de l'*Encyclopédie* à travers toutes les étapes de son évolution prouve que l'œuvre suprême des Lumières est un succès commercial sans précédent mais elle ne fournit guère de réponses aux questions qui concernent les origines idéologiques de la Révolution française.

L'*Encyclopédie* est tellement vaste et si variée qu'il est impossible de savoir quelle sorte d'influence elle a exercée sur ses lecteurs et encore plus d'imaginer que la lecture assidue de ses milliers de pages ait pu les imprégner de jacobinisme. Cependant, pour le public du XVIIIe siècle, l'ouvrage représente un modèle de cohérence. Il montre que la connaissance est ordonnée et non chaotique, que le principe directeur est la raison opérant sur les données des sens et non la révélation parlant par l'intermédiaire de la tradition, afin que les critères rationnels appliqués aux institutions contemporaines contribuent à démasquer l'absurdité et l'iniquité partout. Ce message imprègne le livre, y compris les articles techniques, car les détails relatifs à la construction des moulins à eau, par exemple, prennent un sens plus étendu vus à la lumière du *Discours préliminaire* et de certains articles clés qui insistent sur la nécessité d'organiser le monde de tous les jours conformément aux principes rationnels dérivés de l'expérience elle-même. Les fonctionnaires de Louis XV perçoivent ce message nettement quand ils condamnent l'*Encyclopédie* et les députés de l'Assemblée constituante l'expriment quand ils réforment les systèmes politique, administratif, juridique et ecclésiastique du pays. La diffusion de l'*Encyclopédie* dans un public de magistrats, de fonctionnaires et de notables locaux – le genre d'hommes qui ont dirigé la Révolution – montre à quel point le système des valeurs de l'Ancien Régime était ébranlé par une idéologie incompatible avec ses institutions.

L'élite prérévolutionnaire adopte la philosophie des encyclopédistes

Malheureusement, en parlant de « systèmes de valeurs », on risque de se perdre en généralisations vagues, et il y a tant de courants divers au sein de l'opinion, dans la France prérévolutionnaire, qu'on n'ose pas affirmer qu'il existe un rapport direct entre l'explosion de 1789 et les ventes de l'*Encyclopédie.* En fait, on ne peut jamais tirer de conclusions sur le comportement des êtres humains à partir de la courbe de ventes des livres. En règle générale, la diffusion étendue des encyclopédies marque une tendance à contester le bien-fondé des principes idéologiques de l'Ancien Régime et, dans certains cas, à accepter un changement radical. Naturellement, les ministres de Louis XVI, de même que les députés de l'Assemblée constituante, préconisent des réformes radicales et contribuent aussi au lancement des encyclopédies de Panckoucke. Il semble que les idées des encyclopédistes aient été adoptées par une importante fraction de l'élite prérévolutionnaire en même temps que la notion de gouvernement éclairé qui se répand sous le règne de Louis XVI et se renforce pendant la Révolution et jusqu'à l'Empire. La réapparition des encyclopédistes au sein de l'intelligentsia officielle du Directoire montre qu'il existe un esprit de continuité de 1780 à 1800. Et leur dispersion au cours des premières

Le libraire au XVIIIe siècle.

phases de la Révolution prouve que l'encyclopédisme ne peut être revendiqué par aucun parti révolutionnaire. Loin de conduire directement au jacobinisme, il ne représente pas une réelle menace pour l'Etat. En fait, si d'autres forces n'avaient pas détruit l'Ancien Régime, l'encyclopédisme aurait pu être assimilé en France ; le royaume se serait peut-être accommodé des Lumières et aurait survécu à l'ébranlement de son système de valeurs.

Dans toute la France, les hommes remodèlent les institutions conformément aux nouveaux principes et réorganisent leur monde mental tout en changeant les modèles établis – tel est le processus général illustré par

Allégorie de toutes les religions du monde en leurs principales cérémonies.

l'histoire de l'*Encyclopédie.* On peut tracer des lignes continues de l'édition de Diderot à celle de Panckoucke, de la diffusion des Lumières au journalisme révolutionnaire, des académies royales à l'Institut national et peut-être même de l'encyclopédisme au jacobinisme, mais les ruptures sont également significatives car elles montrent comment un système culturel s'est disloqué. La Révolution a aboli le privilège, principe fondamental de l'Ancien Régime, puis elle a reconstruit un ordre nouveau autour des principes de liberté et d'égalité. Ces abstractions peuvent paraître vides aujourd'hui mais elles revêtent un sens crucial pour la génération révolutionnaire de France. L'histoire de l'*Encyclopédie* montre comment elles s'expriment sur le papier, disséminées dans l'ordre social, incarnées dans les institutions et intégrées à une nouvelle vision du monde.

Robert Darnton,
L'Aventure de l'Encyclopédie,
trad. française, 1982

Les premiers fracas de l'« Encyclopédie » avaient prouvé à certains esprits que l'Anti-France y faisait son nid. La Révolution confirma que la « secte » avait tout préparé avec l'aide de la maçonnerie : chute de la monarchie, déferlement anti-chrétien, destruction des valeurs sociales traditionnelles. L'abbé Barruel avait ouvert le débat dès ses « Helviennes » de 1781. Il fournit en 1797-1798 la vulgate du grand complot qui de l'« Encyclopédie » avait produit la Terreur jacobine.

Du sang sur les mains des encyclopédistes

Vers le milieu du siècle où nous vivons trois hommes se rencontrèrent, tous trois pénétrés d'une profonde haine contre le christianisme.

Ces trois hommes étaient Voltaire, d'Alembert et Frédéric second, roi de Prusse. Voltaire haïssait la religion, parce qu'il jalousait son auteur et tous ceux dont elle a fait la gloire ; d'Alembert, parce que son cœur froid ne pouvait rien aimer ; Frédéric, parce qu'il ne l'avait jamais connue que par ses ennemis.

Il faut à ces trois hommes en ajouter un quatrième. Celui-ci, appelé Diderot, haïssait la religion, parce qu'il était fou de la nature, parce que, dans son enthousiasme pour le chaos de ses idées, il aimait mieux se bâtir des chimères et se forger lui-même ses mystères que soumettre sa foi au Dieu de l'Evangile.

Les premiers moyens des Sophistes devaient être moins tumultueux, plus sourds, plus souterrains, plus lents ; mais dans leur lenteur même ils n'en devaient être que plus insidieux et plus efficaces. Il fallait que l'opinion publique pérît en quelque sorte par la gangrène, avant que les autels ne tombassent sous la hache. C'est ce que Frédéric avait très bien senti, lorsqu'il écrivait à Voltaire que « miner sourdement et sans bruit l'édifice, c'était l'obliger à tomber de lui-même » (29 juillet 1775). C'est ce que d'Alembert avait encore mieux senti, lorsqu'il reprochait à Voltaire d'aller trop vite, lorsqu'il lui écrivait que « si le genre humain s'éclairait, c'est parce qu'on avait la précaution de ne l'éclairer que peu à peu » (31 juillet 1762). Ce fut enfin la nécessité de cette précaution, qui inspira à d'Alembert le projet de l'*Encyclopédie,* comme le grand moyen d'éclairer peu à peu le genre humain, et d'écraser l'infâme. Il conçut ce projet, Diderot le saisit avec enthousiasme ;

Voltaire le soutint avec une confiance qui ranima souvent celle de d'Alembert et de Diderot, prêts à succomber l'un et l'autre plus d'une fois sous leur entreprise.

Pour sentir à quel point le succès de ce fameux dictionnaire devait intéresser le chef et les complices, il faut absolument savoir sur quel plan il avait été conçu, et comment son exécution était devenue, dans leur conseil, le premier et le plus infaillible des moyens destinés à changer peu à peu l'opinion publique, à insinuer tous les principes de l'incrédulité, à renverser enfin successivement tous ceux du christianisme.

L'*Encyclopédie* fut d'abord annoncée comme devant former l'ensemble, le trésor le plus complet de toutes les connaissances humaines, Religion, Théologie, Physique, Histoire, Géographie, Astronomie, Commerce, tout ce qui peut être l'objet d'une science ; Poésie, Eloquence, Grammaire, Peinture, Architecture, Manufactures ; tout ce qui est l'objet des arts utiles ou agréables ; tout en un mot, jusque aux préceptes et aux procédés des métiers, des plus simples manœuvres : tout devait se trouver réuni dans cet ouvrage. Il devait valoir seul les plus immenses bibliothèques, et suppléer à toutes. Il devait être le résultat des travaux d'une société d'hommes choisis parmi ceux que la France contenait de plus célèbres dans chaque genre de science. Le discours par lequel d'Alembert l'annonçait à tout l'univers était écrit avec tant d'art, il avait été si bien pesé et si bien médité, l'enchaînement des sciences, les progrès de l'esprit humain y paraissaient si bien tracés, tout ce qu'il avait pris dans les œuvres de Chambers et du chancelier Bacon, sur la filiation des idées, était si bien déguisé, le Sophiste plagiaire avait si bien su se parer des richesses d'autrui, que le *Prospectus* de l'*Encyclopédie* fut regardé comme un chef-d'œuvre, et son auteur comme l'homme du monde le plus digne de se voir à la tête d'un ouvrage si étonnant.

C'étaient là de superbes promesses hautement annoncées, et que l'on avait fort peu envie de tenir. Il était, en revanche, un objet sur lequel on gardait un profond silence, et qu'on se tenait à peu près assuré de remplir. Cet objet si secret était de faire de l'*Encyclopédie* un immense dépôt de toutes les erreurs, de tous les sophismes, de toutes les calomnies qui, depuis les premières écoles de l'impiété jusque à cette énorme compilation, pouvaient avoir été inventées contre la religion ; mais de cacher si bien le poison, qu'il se versât insensiblement dans l'âme des lecteurs, sans qu'ils pussent s'en apercevoir. Pour abuser de leur crédulité, l'erreur ne devait jamais se trouver, elle devait au moins se cacher avec un soin particulier dans les articles où l'on aurait pu la prévoir, la soupçonner. La religion devait paraître respectée, et même défendue dans les discussions qui la regardaient plus directement. Quelquefois l'objection devait être réfutée de manière à persuader qu'on voulait la faire disparaître, tandis qu'on ne pensait qu'à la rendre plus dangereuse en faisant semblant de la combattre. Il y a même plus ; les auteurs qui devaient seconder d'Alembert et Diderot dans ce travail immense n'étaient pas tous des hommes dont la religion dût être suspecte. La probité de quelques-uns, de M. de Jaucourt, par exemple, de ce savant qui seul a rempli un nombre

LE TRIOMPHE DE LA RELIGION

Allégorie

DESCRIPTION DE CETTE ALLÉGORIE

Le Lointain du Tableau présente le Territoire de Jerusalem, dont le Mont Golgotha borne l'horison. Sur le Sommet de la Montagne s'élève une Colonne où reside la Verité, tenant de la main droite une Gloire Celeste qu'elle admire: dans la gauche est l'Evangile et la Palme, Symboles de l'Eglise, et de son incorruptibilité Victorieuse.

Près de cet Edifice paroît un Illustre Prélat les mains levées vers le Ciel, qu'il Supplie de captiver les coeurs et les esprits sous le Glorieux joug de la Foi et de l'Obéissance de J.C.

Le Front du Tableau represente la Religion, Soutenue par le Roi, qu'elle regarde avec confiance: elle est appuiée sur l'Arche d'Alliance; armée de l'Etendart du Christianisme, tenant de la main droite un Calice, Sur lequel s'élève une Hostie lumineuse: le Roi terrasse l'Hydre de l'Erreur, dont il abat les orgueilleuses têtes avec son Sceptre de Justice.

l'Esprit Saint, cet Esprit de lumiere, sous la figure d'une Flame ardente, semble descendre du Ciel pour presider au Triomphe de la Religion, et du Fils aîné de l'Eglise.

Le Type est couronné de la Legende du Roy.
Fidei Lodoix aſſertor & ultor

prodigieux des articles de l'*Encyclopédie,* était si bien connue, qu'elle semblait devoir servir de garant contre les embûches de la ruse et de la perfidie. Enfin, on annonçait que les objets religieux seraient discutés par des théologiens connus par leur savoir et leur orthodoxie.

Tout cela pouvait être très vrai, et l'ouvrage n'en être que plus perfide.

Abbé Augustin Barruel,
Mémoires pour servir à l'histoire du jacobinisme, 1797, tome I,
« Conspiration des Sophistes de l'impiété », chapitres I et IV

Les interprétations de l'« Encyclopédie »

L'évaluation globale et scientifique du projet encyclopédique en tant qu'entreprise intellectuelle est une tâche surhumaine. On en conçoit aisément la raison : les études portent en général sur des aspects particuliers de l'œuvre. En voici deux interprétations dominantes.

Menacée de toutes parts et prête d'être interdite en France, la Compagnie de Jésus vit, à tort ou à raison, dans l'« Encyclopédie » une entreprise dirigée contre l'Eglise romaine et la morale chrétienne. Les premiers remous eurent lieu avec l'affaire de l'abbé de Prades ; Diderot avait déjà polémiqué avec le père Berthier, un des ennemis favoris de Voltaire, directeur des « Mémoires de Trévoux », le grand périodique culturel des jésuites.

La Compagnie de Jésus a des soupçons

11 décembre – On se remue beaucoup touchant la thèse qu'a soutenue l'abbé de Prades, un des écrivains du Dictionnaire encyclopédique, et l'on dit que ce livre va être défendu.

25 décembre – Il y a un grand orage contre le Dictionnaire encyclopédique, et cet orage vient des Jésuites. Que fait-on contre les auteurs de ce grand et utile livre ? On les accuse d'impiété ; de là cette accusation contre la thèse

sorbonnique de l'abbé de Prades, l'un d'eux, où il n'y a pas de quoi fouetter un chat.

31 décembre – J'apprends que l'abbé de Prades a été condamné sur sa fameuse thèse de la Sorbonne. Il était des travailleurs de l'*Encyclopédie.* Or, les Jésuites veulent détruire cet ouvrage : 1° parce qu'il n'est pas d'eux, et qu'ils veulent que tout grand livre vienne d'eux ; 2° parce que, l'hiver dernier, il y a eu grande querelle entre eux et les ouvriers de ce livre.

Marquis d'Argenson,
Mémoires et *Journal* inédits,
1857

Seconde lettre de M. Diderot au R.P. Berthier, jésuite

Je doute, mon Révérend Père, par le trouble qui règne au commencement de votre réponse, si je suis heureux ou malheureux en épigraphes : j'avais simplement voulu vous annoncer que ma lettre ne vous ferait point de mal ; et j'ai bien peur de m'être trompé : vous parlez de santé, comme si mes compliments vous donnaient la fièvre ; du reste, quand je voudrais bien vous regarder comme un bon seigneur romain, je n'en serais pas plus disposé à jouer avec vous le rôle de la dame Arria.

Vous observez très subtilement qu'il est dangereux d'écrire sur d'autres matières que de pure littérature ; je ne serai pas longtemps, mon Révérend Père, sans vous en convaincre vous-même. Si le docteur judicieux, qui approuve votre journal, se ressouvient des grands éloges que vous avez donnés à l'*Encyclopédie,* je crains bien que votre imprimeur ne les ait oubliés. Je n'ignore point la différence qu'il y a entre les journaux de Trévoux et les journaux des navigateurs, ni la figure que les uns et les autres font dans le monde, et vous ne devez pas appréhender, mon Révérend Père, que je vous confonde jamais avec l'amiral Anson. Le seul rapport que je pourrais trouver entre un voyageur et un journaliste, c'est qu'ils ne disent pas toujours la vérité ; mais cette ressemblance est usée, et ne saurait vous convenir. Votre censeur qui, avec tant de jugement, a si bonne mémoire, ressemblerait peut-être davantage à certains voyageurs qui se souviennent de la meilleure foi du monde de ce qu'ils n'ont jamais vu. Le critique dont vous me parlez, et dont vos grands éloges ont fait arrêter le grand écrit à trois parties, ne m'est pas aussi inconnu qu'à vous. Je l'aurais deviné aux trois divisions. Il a de très bonnes raisons pour médire de vive voix de l'*Encyclopédie ;* mais il pourrait en avoir de meilleures pour n'en rien dire par écrit. Je n'ai jamais prétendu, mon Révérend Père, à l'immortalité : le voyage est trop long pour ne pas craindre de rester en chemin, surtout lorsqu'on se charge d'y mener ceux qui n'y vont pas, ou de retarder ceux qui y vont seuls. Je sais que les divisions de la branche philosophique sont fort étendues dans Bacon ; mais je crois qu'elles sont fort différentes dans l'arbre encyclopédique ; et vous êtes, mon Révérend Père, de si bonne foi et de si bonne volonté, que je suis très reconnaissant de la peine que vous voulez bien prendre d'en dire un mot. Vous n'oublierez pas sans doute cette fois-ci de rappeler l'aveu que j'ai fait, et de distinguer avec votre capacité ordinaire ce qui nous appartient à l'un et à l'autre. Je ne doute point que messieurs de l'*Encyclopédie* que vous connaissez ne soient fort bons chrétiens ; il est bien difficile que cela soit autrement, quand on est de vos amis ; et c'est pour cela que j'ambitionne d'être du nombre. Leurs noms, comme vous l'observez, auraient sans doute jeté un grand éclat sur le mien : cette réflexion est trop juste et trop vraie pour être désobligeante ; mais le premier volume de l'*Encyclopédie* ne vous laissera là-dessus rien à désirer : en attendant qu'il paraisse, je me contenterai d'honorer quelquefois mon nom par la splendeur du vôtre, puisque vous voulez bien m'en accorder la permission. Vous prétendez que pour former une encyclopédie, cinquante savants n'auraient pas suffi, si vous aviez été du nombre, et vous vous fâchez presque de ce que je ne vous en ai pas fait le

Allégorie sur la chute des jésuites en enfer.

compliment ? Je m'en rapporte à vous, mon Révérend Père, ne valait-il pas mieux que vous vous chargeassiez de ce soin que moi ? J'avais dessein de joindre à cette lettre un article du Dictionnaire comme je vous l'avais promis ; mais vous êtes si exact à faire réponse qu'il y aurait conscience à vous faire attendre la mienne ; ce sera pour ma troisième lettre. Le morceau que je vous destine est analysé : vous auriez tort de vous plaindre que je ne vous choisis pas des articles intéressants. J'attends toujours votre jugement sur l'article Art et vos mémoires sur l'article Continuation.

J'ai l'honneur d'être, mon Révérend Père, etc.

A Paris, ce 2 février 1751, à neuf heures du soir, en recevant votre journal.

Lettre de M. Diderot
au R.P. Berthier, jésuite,
1751

Une « Encyclopédie » bourgeoise ?

La dernière interprétation du mystère encyclopédique est née du marxisme moderne. A la Révolution « bourgeoise » de 1789 devait correspondre une préparation de même origine dans les décennies précédentes. Le grand historien de la Révolution française que fut Albert Soboul était le mieux préparé à cette mise à plat encyclopédique.

La bourgeoisie entend refondre les institutions politiques suivant les principes de la raison ; elle veut jouer dans l'Etat un rôle en harmonie avec sa puissance économique et son éclat intellectuel. Est-ce à dire qu'elle s'en prend aux principes mêmes de la monarchie ? L'*Encyclopédie* traduit bien les hardiesses comme les hésitations et les timidités de la bourgeoisie en matière politique. L'article Liberté déclare que « la ruine de la liberté renverse avec elle toute police, confond le vice et la vertu ». L'article Représentants loue les avantages d'une constitution. A la théorie de la monarchie de droit divin est substituée celle de la souveraineté nationale : le monarque ne tient pas de Dieu une autorité sans contrôle, il n'est que le mandataire de la nation, il a reçu de ses sujets mêmes « l'autorité qu'il a sur eux et cette autorité est donnée par les lois de la nature et de l'Etat ». En fait, l'idéal politique de l'*Encyclopédie* est conforme aux intérêts de la bourgeoisie : il oscille de la monarchie limitée au despotisme éclairé. L'exemple anglais a joué un grand rôle sur l'évolution des idées politiques au XVIIIe siècle, et l'*Encyclopédie* n'est pas exempte d'une certaine anglomanie. Les idées démocratiques lancées par Rousseau n'ont encore eu que peu d'influence. La fusion des classes possédantes, bourgeoisie capitaliste et aristocratie foncière, sous l'égide d'une monarchie contrôlée, à l'imitation de l'Angleterre, correspond aux aspirations de bien des Philosophes. Le despotisme éclairé constitue l'autre variante de cet idéal : qu'importe que le monarque possède un pouvoir absolu, s'il gouverne suivant « la raison et l'équité », c'est-à-dire s'il satisfait les aspirations économiques et sociales de la bourgeoisie. « Heureux un Etat lorsque son roi sera Philosophe, écrit-on dans l'*Encyclopédie,* ou qu'un Philosophe sera son roi ! »

On retrouve les mêmes timidités, allant parfois jusqu'à la contradiction, dans l'examen des problèmes pratiques d'organisation politique et sociale. Les privilèges sont attaqués, leur suppression est réclamée : mais il faudrait cependant récompenser les nobles par des honneurs, auxquels sans doute les bourgeois pourraient aussi accéder. Les articles Population et Impôts s'élèvent avec force contre l'iniquité des impôts qui frappent le nécessaire : mais on ne trouve nulle part dans l'*Encyclopédie* de protestation franche contre la gabelle, si détestée du peuple. Les jurandes et les maîtrises, c'est-à-dire l'organisation corporative de la production, sont vivement critiquées : elles empêchaient, par les contraintes de leur réglementation, le libre essor des forces productives. Mais la corvée des routes et la milice, qui pèsent sur les paysans, n'ont que quelques « inconvénients ». Les Encyclopédistes, dont les conclusions sont si nettes sur les droits généraux de la raison, suspendent souvent leur jugement sur les problèmes politiques pratiques : hésitation compréhensible des représentants d'une classe possédante, qui ne peut, sans inquiétude, soulever de trop grands espoirs parmi les classes populaires exclues du droit de propriété. Prudence aussi bien nécessaire dans une société qui fait sienne la doctrine de l'Eglise et qui n'hésite pas à armer le bras séculier pour la défense de ses dogmes. [...]

Une vue dialectique de la société

La Révolution faite et le règne de la bourgeoisie instauré, les contradictions de la société nouvelle ne tardèrent pas à s'affirmer, nées de l'essor même du capitalisme et du développement du prolétariat. La bourgeoisie abandonna dès lors les positions de ses Philosophes. A mesure que le prolétariat augmentait en nombre et en conscience, elle se détacha du matérialisme et de la pensée libre, et revint lentement, mais inexorablement, au catholicisme et à l'idéalisme : la métaphysique et la religion lui apparurent, comme jadis à l'aristocratie, les meilleurs soutiens de son ordre social. Le *Dictionnaire historique et critique* de Bayle (1697), préfiguration à certains titres de l'*Encyclopédie,* n'est plus réédité après 1820 ; la parution de la dernière contrefaçon de l'*Encyclopédie,* celle d'Agasse, se termine en 1832. Ces dates sont significatives : la bourgeoisie, une fois l'aristocratie foncière définitivement éliminée (et c'est en 1830), abandonne ses armes idéologiques. Le peuple était maintenant plus redoutable que les aristocrates. Oubliant qu'il fut un temps où elle était révolutionnaire, la bourgeoisie rejetait la philosophie du XVIIIe siècle qui affirmait le pouvoir de la raison sur la nature et la société.

Les Lumières ont constitué une étape décisive dans les conquêtes de la pensée libératrice, l'*Encyclopédie* demeure comme un monument grandiose. Ceux qui défendent aujourd'hui les droits de la raison militante s'en reconnaissent les héritiers. Comme les Encyclopédistes du XVIIIe siècle, ils dénoncent tout ce qui rabaisse l'homme ou le mutile. Comme eux, ils défendent les idées de progrès. Continuant leur tradition rationaliste et matérialiste, ils la dépassent cependant, comme la dialectique dépasse le mécanisme. Les barrières entre les disciplines différentes et les divers ordres de la connaissance tombent pour donner à l'homme une vue dialectique de la société et du monde qu'il s'agit d'expliquer et de transformer à la fois.

Albert Soboul,
L'Encyclopédie,
Textes choisis, deuxième édition, 1962

TUCIDIDE
L'HISTOIRE

La « Description de L'Egypte »

Le 19 mai 1798, Bonaparte entreprend la campagne d'Egypte. Il emmène avec lui cent cinquante savants, techniciens et artistes. Quatre ans plus tard commence la publication de travaux qui vont constituer véritablement la première encyclopédie moderne. Entreprise colossale qui dure vingt-cinq ans. Deux cents gràveurs sont requis, cinq imprimeurs. Au final, cinq volumes de quatre cent vingt-six planches pour les Antiquités, deux volumes de cent soixante et onze planches pour l'Etat moderne, trois volumes de deux cent quarante-quatre planches pour l'Histoire naturelle, plus l'Atlas géographique en cinquante-trois planches...

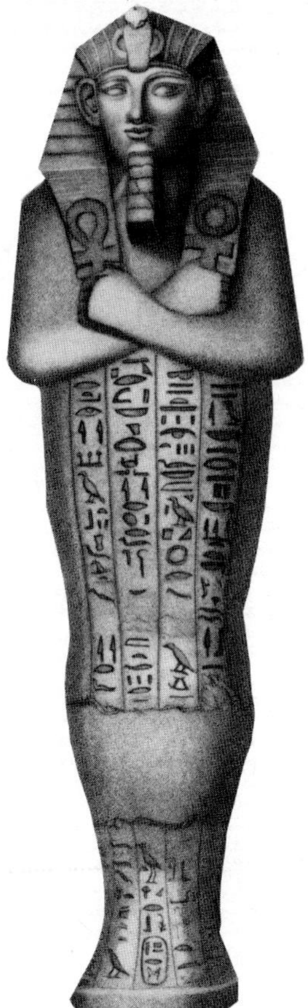

2
3
4
5

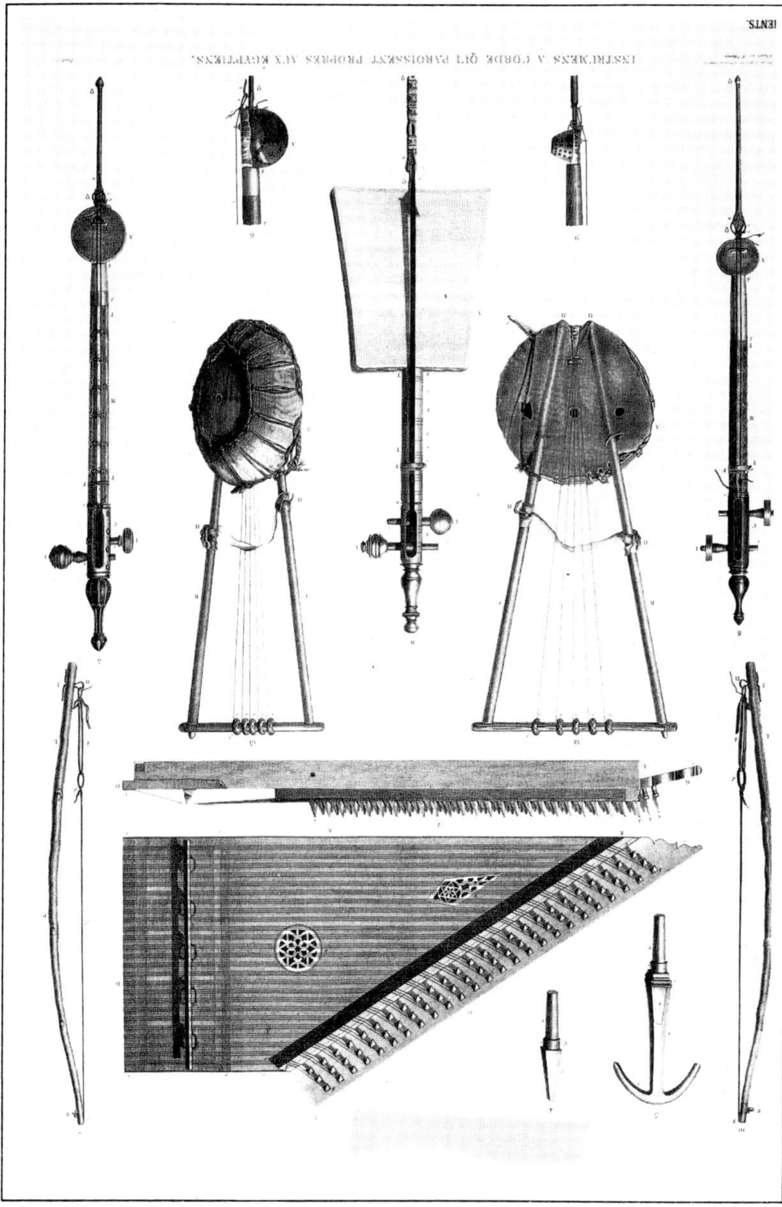
IENTS.
INSTRUMENS A CORDE QUI PAROISSENT PROPRES AUX EGYPTIENS.

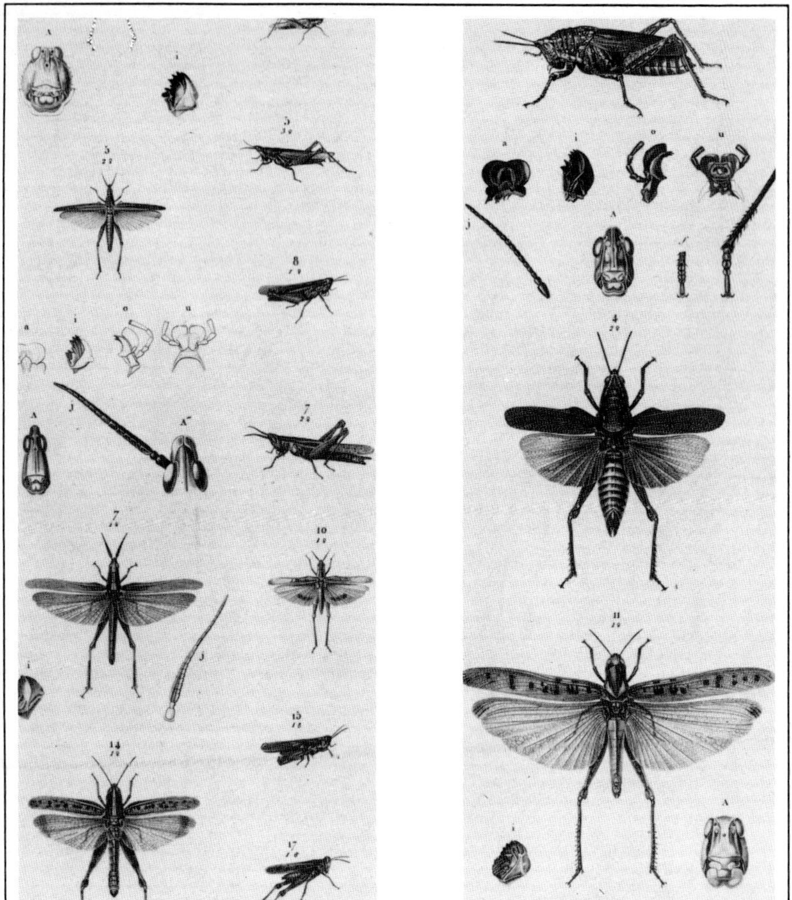

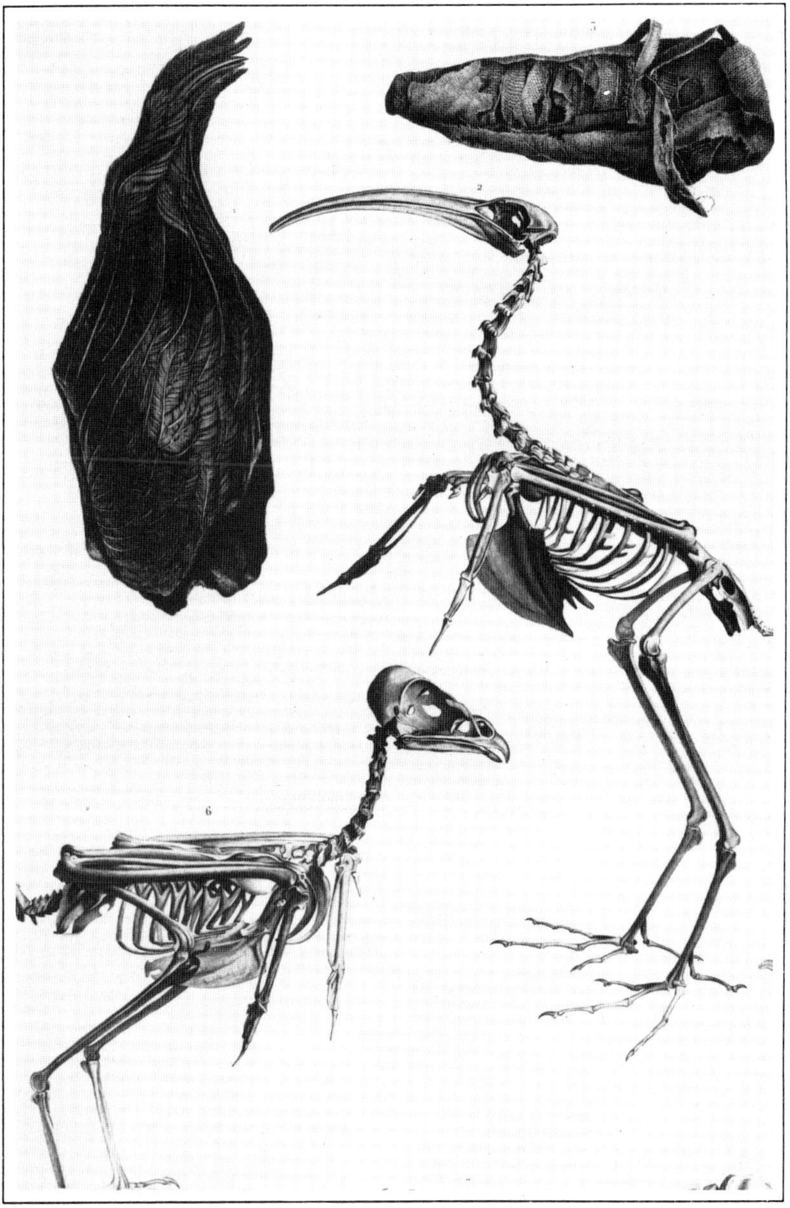
2
6

Pierre Larousse et le « Grand Dictionnaire »

« Monsieur, j'ai reçu vos quatre premières livraisons. Votre plan est vaste, votre but est noble ; quelques parties que j'ai lues déjà sont excellentes. C'est un vrai monument que vous élevez au XIX*e* *siècle [...] ». Ainsi Victor Hugo salue-t-il en 1864 la grande entreprise éditoriale du* XIX*e* *siècle et son auteur, Pierre Larousse.*

Pierre Larousse

Pierre Larousse naquit en 1817 à Toucy, au nord de la Bourgogne, où son père était charron et sa mère aubergiste. La notice qu'il consacra à sa propre personne dans son dictionnaire nous permet d'imaginer ce que put être sa jeunesse, en même temps qu'elle nous propose l'image qu'il souhaitait laisser de lui-même :

« Fils d'un charron-forgeron, il (Pierre Larousse) passa son enfance dans son pays natal et acquit dans une modeste école primaire les premières connaissances qui ouvrent l'esprit de l'enfant à la vie intellectuelle. Doué d'une nature inquiète, curieuse, et d'une grande activité d'esprit, il dévorait tous les livres que le hasard faisait tomber entre ses mains. Un colporteur passait-il par son village, vite il en était instruit par ses camarades, qui connaissaient sa passion, et la balle était aussitôt remuée, fouillée, bouleversée. Le jeune fureteur emportait alors dans sa poche indistinctement Voltaire et Ducray-Duminil, Rousseau et Pigault-Lebrun, *Estelle et Némorin* et les *Quatre fils Aymon, Paul et Virginie* et la *Clef des songes* ».

Aidé de quelques leçons supplémentaires de son instituteur, le jeune Larousse est reçu en 1834 à l'école normale primaire de Versailles et bénéficie pour continuer ses études d'une bourse du conseil général de l'Yonne. Il y passe quatre ans, obtient son brevet élémentaire puis son brevet supérieur, et retourne enseigner dans son pays natal. Il n'y reste que deux ans. A vingt-deux ans, il arrive à Paris avec quelques économies, suit les cours publics du Collège de France, de la Sorbonne, de l'Observatoire, du Conservatoire des arts et métiers et du

Museum, écoute l'abbé Cœur, Michelet, Saint-Marc Girardin et Edgar Quinet, et va travailler tous les soirs à la bibliothèque Sainte-Geneviève. Sensibilisé par le climat de révolte des milieux estudiantins de Paris, il professe une immense admiration pour Béranger et nourrit des convictions républicaines teintées de socialisme. On ne sait rien de son attitude de 1848 à 1852, sinon qu'il assiste – en « observateur » paraît-il – à la mort du député Baudin (3 décembre 1851). Il devait en tout cas nourrir une solide haine contre Napoléon III.

Pierre Larousse vécut assez misérablement durant ces années d'apprentissage. On le retrouve entre 1849 et 1851 répétiteur à l'Institution Jauffret, déjà lié à une jeune femme d'origine aussi modeste que lui, qu'il n'épousera qu'en 1871. Il a déjà engrangé un immense savoir quand il donne en 1849 son premier livre, publié à compte d'auteur, une *Lexicologie des écoles primaires* qui deviendra plus tard sa *Grammaire élémentaire lexicologique*. Dès lors, il publie sans relâche des manuels et des livres du maître auxquels il donne le titre de *Lexicologie des écoles*. Pédagogue de vocation et esprit singulièrement concret, il préconise une méthode active d'éducation destinée à éveiller l'intelligence et le cœur. Répudiant les exercices de pure mémoire, il proclame que toute expression claire est fondée sur l'assimilation d'un vocabulaire étendu et sur la compréhension des significations précises de chaque mot. Pour lui, l'apprentissage de la langue est donc la base essentielle de tout savoir ultérieur, mais il n'entend pas moins donner à l'enfant des clartés de tout, recourir aux cartes et aux plans pour élargir son univers et éveiller sa curiosité, et enseigner l'histoire des hommes et non celle des princes. Soit autant de principes dont on retrouvera l'application dans le dictionnaire qu'il médite déjà.

Cet homme, qui publie ses ouvrages à compte d'auteur et table manifestement sur cet investissement pour poursuivre son œuvre, comprend tôt qu'il devra se faire un jour éditeur. Sa chance est de rencontrer en 1851 un autre instituteur bourguignon, de famille simple, qui partage ses vues et a le sens des affaires. Les deux compatriotes obtiennent, en 1852, l'autorisation de vendre ou de louer des livres bien que Larousse ne se soit vu décerner un brevet de libraire qu'en 1862. L'association prend d'abord comme adresse le 89 du boulevard Saint-Germain, puis passe au 12 de la rue Pierre-Sarrazin, tout près de la Librairie Hachette, avant d'aller se fixer au 49, rue Saint-André-des-Arts. Larousse loue d'autre part en 1869 une imprimerie au 49 de la rue Notre-Dame-des-Champs.

Larousse et Boyer organisent, pour financer leurs entreprises, une société par actions. Boyer veille à l'aspect financier et pratique de l'affaire, ce qui permet à Larousse de poursuivre son travail dans les meilleures conditions, et même d'habiter en certaines périodes Billancourt ou Montgeron. Nul doute que, la réussite aidant, le célèbre lexicographe ait pu se faire aider dans son immense labeur : son bureau était, paraît-il, précédé en 1866 d'une « assez longue pièce occupée par une armée d'écrivains silencieux ».

Le succès ne s'est pas fait attendre. Dès 1860, Pierre Larousse peut écrire : « J'ai composé deux grammaires, l'une, grammaire du premier âge, parvenue à sa 16e édition, et dont chaque édition tire actuellement à 44 000 exemplaires ; l'autre, grammaire élémentaire, qui vient d'atteindre sa 14e édition, chaque édition tirée à 22 000. » Un peu plus tard (1868), sa grammaire s'est débitée à 88 000 exemplaires en un an et quelques-uns de ses ouvrages se tirent encore annuellement, en 1878, à 200 000. Et, si ses périodiques, *L'Ecole normale* lancée en 1858 et *L'Emulation* (1862-1864), n'atteignent que des tirages relativement restreints (6 000 à 10 000, semble-t-il), son *Nouveau Dictionnaire de la langue française,* ancêtre du *Petit Larousse,* a un succès foudroyant : 44 000 exemplaires vendus par exemple de juin 1859 à juin 1860.

Mais la grande affaire reste toujours

Lettre « A » du Grand Larousse, première édition de 1866.

pour Larousse le dictionnaire monumental auquel il a pensé très tôt. Le 8 mars 1863, enfin, il peut annoncer, dans *L'Ecole normale*, la publication prochaine de son *Grand Dictionnaire géographique, mythologique, bibliographique, littéraire, artistique scientifique du* XIX*e siècle* qui se distinguera de ceux qui l'ont précédé, et surtout du Littré dont les premiers fascicules viennent de paraître, par « une foule de vues nouvelles ». Ce *Panlexique* qui doit renfermer la matière de plus de 200 volumes in-8° est, annonce-t-il, en voie d'achèvement au moment où il écrit. L'ouvrage est mis sous presses peu après. Son promoteur pense le vendre en 15 fascicules de 25 feuilles, à 5 francs chaque fascicule. Il offre de plus une remise de 5 francs et des *Flores latinae* ou des *Fleurs historiques* au choix, d'une valeur de 10 francs aux mille premiers acheteurs. Le lexicographe, sans doute piqué par la concurrence du Littré, semble avoir agi en cette affaire avec précipitation en prévoyant de faire entrer toute la matière prévue en 4 000 pages alors que son ouvrage devait en atteindre 20 700. D'où l'étonnante affaire que firent les premiers souscripteurs. Quoi qu'il en soit, le premier fascicule du *Grand Dictionnaire universel du* XIX*e siècle* sort des presses le 27 décembre 1863, le premier volume relié en 1866 et le quinzième et dernier en 1876, un an donc après la mort de son promoteur. Après quoi les suppléments se succéderont.

Dès le 2 juillet 1864, Victor Hugo a adressé à Pierre Larousse des compliments publics : « C'est une belle et grande idée. Après tant d'essais et d'ébauches malheureuses, tant de répertoires empreints de l'esprit rétrograde, donner enfin à la magnifique encyclopédie de Diderot un pendant plus complet et plus grandiose encore, voilà une œuvre qui, achevée, sera pour l'éditeur la fortune et pour l'auteur la gloire... » Puis arrive, le 20 août 1869, une lettre de Proudhon : « J'ai lu les deux articles que vous m'avez recommandés, *abstraction* et *anarchie*... Quant à anarchie, sa rédaction m'en a apparu excellente et meilleure. J'ai voulu, par ce mot, marquer le terme extrême du progrès politique... »

Nous voici arrivés, avec cet ouvrage, à l'extrême limite d'une certaine conception de la culture, selon laquelle toute connaissance peut et doit être mise à la portée de tous et où un seul homme peut concentrer en lui, à travers une seule publication, toutes formes du savoir humain. Et cela précisément en un moment historique où la science entend balayer toutes les formes de foi. Qu'on ne s'étonne donc pas si cet ouvrage qui se veut « de bonne foi » est politiquement orienté en fonction des certitudes de son auteur. Témoins par exemple les articles *Bonaparte* et *Napoléon.*

On sait le reste. Pour engagé qu'il soit, Pierre Larousse, qui salue Proudhon dans sa préface, prit une telle avance sur tous ses concurrents potentiels qu'il jeta les bases d'une entreprise qui bénéficiera durant près de soixante-dix ans d'une forme de monopole. Seule, notre société de la simultanéité peut prétendre détrôner aujourd'hui, grâce aux techniques de la télématique, ce type de livres en l'assimilant et en l'adaptant.

Histoire de l'édition française,
Promodis, 1984

De Diderot à l'« Universalis »

En 1771, A. Bell, C. Macfarquhar et W. Smeltie fondaient l'« Encyclopaedia Britannica » directement inspirée de l'« Encyclopédie » de Diderot et d'Alembert. En 1964, la « Britannica » s'associe au Club français du Livre et lance l'« Encyclopaedia Universalis » qui voit le jour en 1968 et célèbre en 1990 sa troisième édition.

L'« Encyclopaedia Universalis » et ses consœurs l'« Encyclopaedia Britannica » et l'« Encyclopedia Einaudi » sont les grosses sources référentielles de ce XXe siècle. La dernière édition de l'« Universalis » est impressionnante.

Même si l'informatique facilite bien les choses, la mise au point d'une nouvelle édition d'un ouvrage comme l'*Encyclopaedia Universalis* demeure une curiosité tant le travail paraît herculéen. La troisième édition de l'*Encyclopaedia Universalis* comporte trente volumes, soit 36 millions de mots, 31 500 pages, 30 000 illustrations, 6 000 articles... et un poids total de 60 kilos. Elle sera tirée dans un premier temps à 20 000 exemplaires.

Les vingt-trois volumes du *Corpus*, clé de voûte de l'édifice, seront disponibles dans le courant de novembre, et les sept autres, constituant le *Thesaurus-Index* porte d'entrée de l'encyclopédie et le *Symposium*, paraîtront en avril. Le *Corpus* a été profondément remanié par rapport à la précédente édition de 1984 : plus de mille articles sont entièrement nouveaux, ou entièrement réécrits. Plusieurs centaines d'autres ont été révisés ou complétés. La parution de cette nouvelle édition a été aussi l'occasion d'accroître sensiblement le nombre des hors-texte couleurs, l'équivalent moderne des « planches » de la *Grande Encyclopédie* de Diderot et d'Alembert.

Le *Symposium* garde, lui, sa fonction de « tête chercheuse » de la collection et comporte trois volumes. Les deux premiers, sous-titrés « Les Enjeux », comprennent cent quatre-vingts essais, écrits par des personnalités reconnues qui répondent aux grandes questions de cette aube du XXIe siècle sur la création, la science, les pouvoirs, la vie sociale, les grands équilibres et déséquilibres mondiaux. Le troisième volume, entièrement révisé chaque année, est un véritable atlas statistique proposant plus de cent mille données chiffrées.

Le *Thesaurus-Index* s'enrichit de son côté de plus de treize cents notices nouvelles, et près de trente-cinq mille références supplémentaires font leur apparition, résultant à la fois de l'indexation des articles nouveaux et de la réindexation des articles anciens. Plus de soixante-dix guides de lecture ont été insérés, permettant de recenser d'un seul coup d'œil l'ensemble des articles traitant de sujets aussi divers que les grandes religions, l'hématologie, la logique, la physique nucléaire ou la psychanalyse...

En revanche, la couverture de cette nouvelle édition, certes modernisée, n'a subi que de faibles modifications et garde un air de famille indéniable avec la précédente, mêlant le bleu, l'or et le blanc.

20 000 collections sont vendues en moyenne en France (moitié par courtage grâce à une équipe de trois cent cinquante représentants en France, moitié par VPC) et plus de 4 000 à l'étranger. Cette année, la nouvelle édition ordinaire est proposée pour son lancement à 8 840 F et à 9 340 F après la parution du *Symposium* et du *Thesaurus-Index*. Deux versions « luxe » sont également proposées.

Soixante personnes travaillent à la remise à jour continuelle de l'encyclopédie et des données, en préparant déjà la prochaine édition de l'*Encyclopaedia Universalis*. Ses promoteurs associés, l'Encyclopaedia Britannica et le Club français du livre, restent cependant discrets sur leurs résultats. Selon un responsable commercial aux formules elliptiques, le chiffre d'affaires généré par l'*Encyclopaedia Universalis* serait « l'équivalent de celui d'un éditeur comme Belfond ». Calcul et rapprochements effectués, on avoisinerait les deux cents millions de francs de chiffre d'affaires.

Patrice Fleurent
Livres Hebdo,
octobre 1989

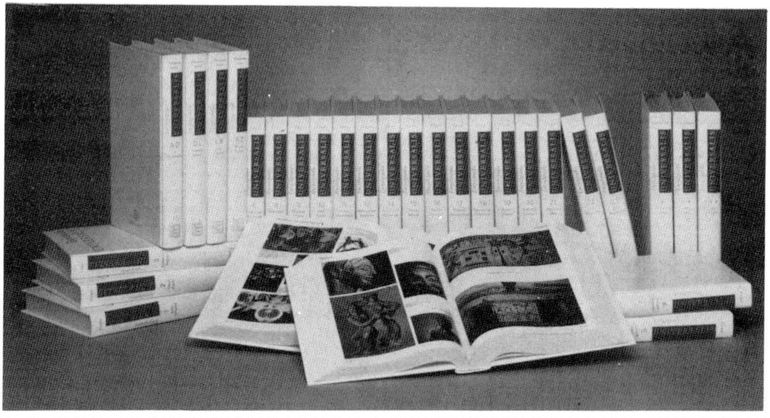

Le savoir en compact

Encore expérimental il y a deux ans, le CD-Rom (Compact Disc Only Memory) intéresse aujourd'hui toute l'édition d'ouvrages de référence. Cette petite galette de douze centimètres de diamètre pesant quinze grammes est capable de stocker des quantités d'informations phénoménales : environ 550 méga-octets, soit l'équivalent de 1500 disquettes classiques, ou de 275 000 pages standard. Une manne pour les encyclopédies modernes...

Un doigt sur la « souris » de l'ordinateur et, sur l'écran, s'affichent les articles sur la rencontre de Yalta, la carte de l'Europe au sortir de la guerre ou telle caricature représentant Staline, Roosevelt et Churchill au bord de la mer Noire. Le voyage se poursuit au gré des curiosités, en suivant la chronologie de quarante années d'histoire contemporaine ou en la traversant à partir d'une des cinq cents thématiques proposées. A moins qu'on ne préfère la visiter en compagnie de ses figures les plus illustres : le logiciel extrait d'un index de 1300 personnalités le nom de De Gaulle et, soudain, la voix du Général apostrophe un *« quarteron de généraux en retraite »*.

Sons, images et textes de *l'Histoire au jour le jour,* édité par la société Act Informatique, l'Institut national de l'audiovisuel et *Le Monde*, sont stockés sur un simple petit disque compact (CD-Rom), capable de contenir l'équivalent de 250 000 pages imprimées. Dans cette masse d'informations, l'ordinateur offre une richesse de parcours qu'aucun livre ne saurait donner. Ce mariage de technologies a donné naissance à l'édition hypermédia, baptisée ainsi en référence au principe de l'hypertexte : chaque mot du texte ouvre une porte sur un autre texte, dessinant ainsi un véritable labyrinthe du savoir.

Le *Dictionnaire électronique*, qu'Act Informatique éditera en juillet avec Hachette, constitue un pur modèle du genre. L'utilisateur peut y entrer à partir d'un des 70 000 mots comme il le ferait avec un dictionnaire classique.

L'utilisateur y trouvera aussi plus de 400 000 formes dérivées (conjugaisons, féminins, etc.), 8 000 lieux répertoriés sur les cartes d'un atlas et un dictionnaire de synonymes. Mais la technique lui permet aussi d'autres formes de vagabondage.

Prenons par exemple le dernier mot du dictionnaire : zynonys, ce *« petit rat à queue blanche d'Australie, récemment disparu »*. Pointée sur le mot « rat », la « souris » de l'ordinateur renverra docilement au dictionnaire et aux significations scientifiques ou métaphoriques du terme. Pointée sur « Australie », elle ouvre l'atlas, fait défiler les cartes. Sur l'écran, la petite flèche va chercher Melbourne et l'appareil ouvre à nouveau le dictionnaire. Le voyage peut continuer ainsi indéfiniment au fil des mots. Le *Dictionnaire électronique* peut aussi trouver presque instantanément, en croisant ses données, tous les musiciens anglais, les orateurs grecs, les célébrités nées en 1950 ou vivantes en l'an 440 avant Jésus-Christ. Pour le plus grand bonheur des cruciverbistes, il affichera tous les mots de cinq lettres commençant par « pr... » et finissant par « n ».

En 1993, un marché de 11 milliards de dollars

Les voyages dans l'information offrent à l'édition hypermédia une grande quantité d'applications. Le marché est encore limité par le prix des appareils (7 000 francs pour un lecteur de CD-Rom auquel il faut ajouter un micro-ordinateur PC) mais constructeurs américains et japonais travaillent déjà sur des terminaux plus compacts et moins chers. Philips va lancer un lecteur CDI intégrant un microprocesseur tandis qu'Intel choisit, avec le DVI, d'intégrer une carte vidéo à son ordinateur. Sans attendre cette génération de matériels, l'édition hypermédia prospère déjà aux Etats-Unis. Le parc de machines est passé en un an de 170 000 à 400 000 appareils et le catalogue s'élève déjà à 425 titres. Il s'agit principalement d'encyclopédies spécialisées, de bases documentaires ou de répertoires destinés à des utilisateurs professionnels. Quelques éditeurs explorent déjà le marché des programmes grand public.

Warner a ainsi sorti, pour 400 francs, un coffret de trois disques sur *La Flûte enchantée* qui, outre l'opéra de Mozart, offre, grâce à un Macintosh, le livret synchronisé avec la musique et des analyses musicologiques de la partition. Lucasfilm prépare avec la revue *National Geographic* et Apple une exploration historique et géographique des Etats-Unis. La chaîne ABC a édité une analyse de l'élection présidentielle de 1988 et prépare d'autres coffrets sur la Palestine, le sida et la drogue. L'érotisme a même fait son apparition : Incat System, un éditeur de Milan, a classé sur six disques une collection de 9 000 photographies !

Les experts américains évaluent le marché de l'édition hypermédia à 11 milliards de dollars pour 1993 et M. John Sculley, le président d'Apple, n'hésite pas à affirmer que ce nouveau type d'édition « va changer la face des années 90 comme l'ordinateur personnel l'a fait pour les années 80 ». En France, le phénomène démarre depuis quelques mois et le catalogue comporte déjà une trentaine de titres, des textes politiques de référence édités par La Documentation française au guide des marchés publics en passant par une anthologie de la littérature française (Nathan).

Jean-François Lacan,
Le Monde,
juin 90

BIBLIOGRAPHIE

Réimpressions modernes

D'Alembert, *Discours préliminaire de l'Encyclopédie.* Paris, Gonthier, 1965.

Diderot, *Œuvres complètes. Encyclopédie.* Edition critique et annotée, présentée par J. Lough et J. Proust. Paris, Hermann, 1976.

Articles choisis : *Encyclopédie ;* chronologie, introduction et bibliographie par Alain Pons. Paris, G.F. Flammarion, 1986, 2 vol.

Planches : *L'Univers de l'Encyclopédie, images d'une civilisation. Les 135 plus belles planches de l'Encyclopédie de Diderot et d'Alembert.* Etudes de R. Barthes, R. Mauzi et J.-P. Seguin, Paris, Les Libraires associés, 1964. *Recueil de planches.* Préface par Alain Pons. Paris, Cercle de livres précieux, 1964, 6 vol. *L'Encyclopédie. Diderot et d'Alembert.* Planches et commentaires présentés par J. Proust. Paris, Hachette, 1985.

Etudes

Darnton, Robert, *L'Aventure de l'Encyclopédie. Un best-seller au siècle des Lumières.* Paris, Perrin, 1982.

Grosclaude, Pierre, *Malesherbes témoin et interprète de son temps.* Paris, Fischbacher, 1961.

Martin, Henri-Jean, et Chartier, Roger (sous la direction de), *Histoire de l'édition française.* Tome II : *Le Livre triomphant. 1660-1830.* Paris, Promodis, 1984.

Proust, Jacques, *Diderot et l'Encyclopédie,* 2e édition. Paris, Armand Colin, 1967.

Recherches sur Diderot et sur l'Encyclopédie. Paris, Aux Amateurs de Livres. Revue semestrielle de la Société Diderot, n° 1, octobre 1986.

Tucoo-Chala, Suzanne, *Charles-Joseph Panckoucke et la librairie française des Lumières 1736-1798.* Pau, Marrimpouey jeune. Paris, Touzot, 1977.

Wilson, Arthur M., *Diderot, sa vie et son œuvre,* traduit de l'anglais par Gilles Chahine, Annette Lorenceau, Anne Villelaur. Paris, Laffont/Ramsay, 1985.

TABLE DES ILLUSTRATIONS

COUVERTURE

OUVERTURE

CHAPITRE I

25h Les jardins du roi, gouache de B. Hilaire. Bibl. Nat., Paris.
26 Frontispice pour les *Mémoires de l'Académie des sciences.* Bibl. Nat., Paris.
27 Frontispice pour l'Imprimerie royale. Musée du Louvre, Paris.
28/29 Frontispice de la *Cyclopædia* de Chambers, 1742. Bibl. Nat., Paris.
30 Fuite des protestants de France à la suite de la révocation de l'édit de Nantes, gravure de Jan Luiken. Bibl. du protestantisme, Paris.
30/31 Scène de salon, aquarelle d'André Bardon. Musée du Louvre, Paris.
31 Page de titre de *The Battle of the Books* de Jonathan Swift, 1710.
32 Portrait de Pierre Bayle, lithographie de 1835, dessin de Claude Jacquand, gravé par Leclerc. Coll. part.
33 Page de titre du *Dictionnaire historique et critique* de Pierre Bayle, 1697. Bibl. Nat., Paris.
34 Modèles d'arbres, 1793. ENPC, Paris.
34/35 Vue de Londres.
36 Amputation d'un bras ou d'une jambe, planche du *Dictionnaire universel de médecine* de Robert James, 1746-1748. Bibl. Nat., Paris.
37g L'opération de la cataracte. Idem.
37d Page de titre du *Dictionnaire universel de médecine* de Robert James, 1746-1748. Bibl. Nat., Paris.
38 Page de titre de la *Cyclopædia* de Chambers, 1738. Bibl. de l'Institut de France, Paris.
38/39 La bibliothèque de Vergennes à Versailles, chromo XIXe s. d'après une gravure du XVIIIe s. Bibl. des Arts décoratifs, Paris.
39b Portrait de Victor Riquette, marquis de Mirabeau, peinture de Joseph d'Aved. Musée du Louvre, Paris.
40/41 Bateau de guerre, planche de la *Cyclopædia* de Chambers, 1738. Bibl.de l'Institut de France, Paris.
42 Histoire naturelle, planche de la *Cyclopædia* de Chambers, 1738. Idem.
43 Dédicace d'Ephraïm Chambers à George II in *Cyclopædia,* 1738. Idem.

CHAPITRE II

44/45 Mine de Pont-Péan, dessin à l'aquarelle de Christophe Paul de Robien in *Histoire ancienne et naturelle de la province de Bretagne*, 1535.
46/47 Techniques de pêche, idem.
48/49 Coquillages et mollusques, idem.
50 Les instruments du dessin, dessin par Jean-Jacques Lequeu. Bibl. Nat., Paris.
51 Portrait de Denis Diderot, peinture de Louis-Michel Van Loo. Musée du Louvre, Paris.
52 Couteaux pliants inventés par M. de la Chauvette, 1706, in *Machines de l'Académie,* tome 2, 1702-1712. Bibl. du CNAM, Paris.
52/53 Intérieur de l'imprimerie de Pomteux, peinture de Léonard de France. Coll. privée.
54 Planche illustrant le tome 1 des *Bijoux indiscrets* de Denis Diderot, 1748. Bibl. Nat., Paris.
55g Page de titre de la *Lettre sur les aveugles à l'usage de ceux qui voyent* de Denis Diderot, 1749. Idem.
55d Portrait de Jean le Rond d'Alembert, XVIIIe s.
56g Certificat de découverte de l'enfant « Daremberg » devant l'église Saint-Jean-le-Rond. Musée de l'Assistance publique, Paris.
56/57 Verrerie en bois, planche de l'*Encyclopédie.*
57d Portrait de Mme de Tencin, peinture par Joseph Aved. Musée des Beaux-Arts de Valenciennes.
58 Portrait de Mlle Lespinasse, aquarelle de Carmontelle. Musée Condé, Chantilly.
58/59 Le café Manoury, dessin de Vaujuas. Musée Carnavalet, Paris.
60 Portrait de Francis Bacon.
61 Tableau du système des connaissances figurant à la fin du *Prospectus* relié en tête du tome 1 de l'*Encyclopédie* de Diderot et d'Alembert. Bibl. Nat., Paris.
62 Le sommeil de la raison engendre des monstres, eau-forte de Goya pour les *Caprices.* Musée du Prado, Madrid.
63h La Raison, gravure de Larré d'après Desrais. Musée Carnavalet, Paris.
63b Première page de l'*Encyclopédie* de Diderot et d'Alembert, 1751. Bibl. des Arts décoratifs, Paris.
64/65 La lecture chez Diderot, gravure de Monzier d'après Meissonier. Bibl. Nat., Paris.
66g Carte utopique au nœud bleu avec un profil de Perronet, dessin anonyme, ENPC, Paris.
66d Portrait du baron d'Holbach, aquarelle de Carmontelle. Musée Condé, Chantilly.
67 Frontispice de l'*Encyclopédie,* dessin de C.N. Cachin, gravé par B.L. Prévost. Bibl. Nat., Paris.
68/69h Le laboratoire de chimie à l'Académie des sciences, gravure de Sébastien Leclerc. Bibl. Nat., Paris.
68/69b Expérience de dissection à l'Académie des sciences, idem.

CHAPITRE III

70 Agriculture, labourage, planche de l'*Encyclopédie.*
71 Agriculture, détail d'une planche de l'*Encyclopédie.*
72 Coupe de la manufacture de papiers peints d'Arthur père et fils, dessin de G. Moette. Musée des Arts décoratifs, Paris.
73 La fabrication du papier peint, planche de Jean-Baptiste Papillon, idem.
74h Dessin, figures groupées, planche de l'*Encyclopédie.*
74/75 Atelier de graveurs, gravure de J.M. Moreau. Bibl. Nat., Paris.
76 L'atelier du teinturier, gravure de l'*Encyclopédie.*
76/77 Atelier de

teinturier, dessin original de Radel, Musée des beaux-Arts de Dijon.
78 Ouvrier filant, dessin de Jean-Jacques Goussier. Musée national des techniques, CNAM, Paris.
79h Lustrage du coton, dessin de Jean-Jacques Goussier, idem.
79 Peignage du coton, idem.
79b Etoupage du coton, idem.
80h Coupe du levant au couchant d'une carrière d'ardoises, dessin tiré du *Mémoire de l'ingénieur J. de Voglie,* 27 nov. 1756. Ecole Nationale des Ponts et Chaussées, Paris.
80bg Coupe ou vue sur le principal chef de la carrière du côté couchant, idem.
80bd Plan d'une carrière d'ardoises située près d'Angers et dite « du Bouillon », idem.
81 Minéralogie, ardoise d'Anjou, planche de l'*Encyclopédie.*
82 Machine hydraulique inventée par M. Dupuy. ENPC, Paris.
83 Hydraulique, machine de M. Dupuis, planche de l'*Encyclopédie.*
84 Histoire naturelle, glaciers de Bernina chez les Grisons, planche de l'*Encyclopédie.*
84/85 Vue dans le massif du Mont-Blanc, gravure de Linck. Bibl. publique et universitaire de Genève.
86 Machines de théâtre, dessin original de Radel. Musée Carnavalet, Paris.
87 Le tireur d'or, dessin original de Lucotte. Coll. part., Paris.
88h Tête d'ange, dessin de Raphaël. Musée du Louvre, Paris.
88b Tête de jeune homme, de profil, dessin de Raphaël. Musée du Louvre, Paris.
89 Dessin, têtes, planche de l'*Encyclopédie.*
90h Scène de forage, dessin tiré du *Mémoire sur la fontaine de Drancy.* ENPC, Paris.
91bg Minéralogie, sondes de terre, détail d'une planche de l'*Encyclopédie.*
91h Instruments pour le forage, dessin tiré du *Mémoire sur la fontaine de Drancy.* ENPC, Paris.
91b Idem.
92hg Epinglier, fig. 18, détail d'une planche de l'*Encyclopédie.*
92bg Epinglier, fig. 12 et 16, idem.
92/93h Fabrication des épingles, plan et profil, dessin tiré du *Mémoire consacré à l'industrie des épingles de laiton dans la région de l'Aigle et de Rugles* par J. Rodolphe Perronet, ENPC, Paris.
92/93b Epinglier, planche de l'*Encyclopédie.*
94 Pont de Westminster, dessin à l'encre, extrait du journal de Perronet et Lesage, 1784, ENPC.
95 Le Pont de Westminster, planche de l'*Encyclopédie.*
96h Pendule qui marque le temps vrai, 1728, in *Recueil de dessins approuvés par Réaumur pour les machines et inventions de l'Académie des sciences.* Bibl. du CNAM, Paris.
96b Idem.
97h Métier à faire les bas, in *Le métier à faire les bas dans toutes ses parties,* album de dessins de Jean-Claude Hindret, 1664. Bibl. Nat., Paris.
97b Métier à faire des bas, planche de l'*Encyclopédie.*
98h L'ange anatomique, in *Myologie complète en couleur et grandeur naturelle* de Jacques Gautier d'Agoty, 1746. Faculté de Médecine, Paris.
98bg La tête, planche anatomique de Jacques Gautier d'Agoty. Musée d'histoire de la médecine, Lyon.
98bd Anatomie, fig. 6, détail d'une planche de l'*Encyclopédie.*
99 Anatomie, différentes figures, détails d'une planche de l'*Encyclopédie.*

CHAPITRE IV

100 Le souffleur ou un alchimiste dans son laboratoire, peinture de Chardin. Musée du Louvre, Paris.
101 Les volumes de l'*Encyclopédie.*
102/103 Imprimerie en taille douce, gravure anonyme, 1642. Bibl. Nat., Paris.
103h Gravure en taille douce, outils, détail d'une planche de l'*Encyclopédie.*
104g Page de titre d'un catalogue de livres de 1749. Bibl. Nat., Paris.
104/105 A l'égide de Minerve, peinture de Léonard de France de Liège. Musée des Beaux-Arts de Dijon.
106/107 Bibliothèque d'un collectionneur, dessin de Pinel. ENSBA, Paris.
106b Conditions proposées aux souscripteurs figurant dans le *Prospectus* relié en tome 1 de l'*Encyclopédie* de Diderot et d'Alembert, 1751. Bibl. Nat., Paris.
107b Jeune homme dans sa bibliothèque, peinture anonyme. Coll. part.
108g Librairie française devant la Bourse d'Amsterdam, gravure anonyme. Bibl. Nat., Paris.
108d Détails d'une planche de l'art du relieur de M. Dudin, in *Description des arts et métiers,* 1761-1780. Bibl. Nat., Paris.
108/109 Vue d'Amsterdam.
110h Portrait de Catherine II, impératrice de Russie, peinture française du XVIIe d'après Pietro Rotari. Musée national du château de Versailles.
110b Portrait de A.C.J. Panckoucke, gravure de Langlumé. Bibl. Nat., Paris.
111 Carte de souveraineté de Dombes, idem.
112 Charles Panckoucke aux auteurs de l'*Encyclopédie,* gravure de Gabriel de Saint-Aubin. Musée Carnavalet, Paris.
113 Forges, in *Encyclopédie méthodique* de Panckoucke, 1783. Bibl. Nat., Paris.
114h Eléments d'architecture, détail d'une planche de *Deutsche Encyclopédie,* 1807. Bibl. de l'Institut

LE
DICTIONAIR
DE
L'ACADEMIE
FRANCOISE

de France, Paris.
114m Idem.
114b Idem.
115h Page de titre de l'*Encyclopédie méthodique* de Panckoucke. Bibl. Nat., Paris.
115m Projet pour le palais Spinola à Gênes, dessin de Charles de Wailly, 1773. Musée des arts décoratifs, Paris.
115b Architecture, salon, coupe générale sur la longueur, planche du *Supplément* de l'*Encyclopédie* de Panckoucke.
116/117 La machine à vapeur, dessin d'après Bétancourt, 1788. Ecole nationale des ponts et chaussées, Paris.
118/119 Le pont de la Concorde, dessin de Perronet, 1787. Idem.
120/121 L'odomètre de Perronet, dessin à l'aquarelle de Perronet, 1752. Idem.

CHAPITRE V

122 Louis XV sortant du lit de justice, détail, peinture de Martin, XVIIIe s. Musée Carnavalet, Paris.
123 Une caricature contre l'*Encyclopédie.* Bibl. Nat., Paris.
124h Portrait de Malesherbes, pastel de J. Valade. Musée Carnavalet, Paris.
124/125 Réunion des encyclopédistes chez Mme de Geoffrin, peinture de Lemonnier. Musée de Malmaison, Malmaison.
126h Entrée solennelle à Orléans de l'archevêque Christophe de Beaumont. Musée des Beaux-Arts d'Orléans.
126/127 Vue et perspective de la cour intérieure de la Sorbonne, gravure par Aveline. Bibl. Nat., Paris.
128/129 La bataille de Fontenoy, 11 mai 1745, peinture de Pierre Lenfant. Musée national du château de Versailles.
129d Portrait de Frédéric II, pastel anonyme allemand du XVIIIe s. Musée des Beaux-Arts de Nantes.
130 L'incrédulité proscrite, illustration d'un placard relatif à l'arrêt du Parlement du 6 février 1759. Bibl. Nat., Paris.
131 Portrait de la marquise de Pompadour, pastel de Maurice-Quentin de la Tour. Musée du Louvre, Paris.
132/133 Séance royale à la grande chambre du Parlement, lit de justice

du 22 février 1723, peinture de Nicolas Lancret. Musée du Louvre, Paris.
133d Portrait d'Helvétius, gravé par P.M. Alix. Musée Carnavalet, Paris.
134 Gravure à propos de l'Arrêt du Parlement qui condamne au feu 24 volumes composés par les Jésuites. Bibl. Nat., Paris.
135 Extinction de la Société des Jésuites, gravure, XVIIIe s. Idem.
136 Planche de *L'art de l'ardoisier* de Duhamel du Monceau, 1761, in *Description des arts et métiers,* 1761-1780. Idem.
137 Minéralogie, ardoises d'Anjou, planche de l'*Encyclopédie.*
138g Manuscrit autographe de l'*Encyclopédie.* Coll. part., Paris.
138d Portrait de Benoît XIV, peinture de Subleyras. Versailles.
138/139 Tableau allégorique de la France dévastée, gravure anonyme, 1793. Bibl. Nat., Paris.
140 Portrait des Pères Leseur et Jacquier, mathématicien et astronome à Rome, peinture de L.G. Blanchet. Musée des Beaux-Arts de Nantes.
141g Page de titre du *Christianisme dévoilé ou examen des principes et des effets de la religion chrétienne* d'Holbach, 1756. Bibl. Nat., Paris.
141d Portrait de Marmontel, peinture de Roslin. Musée du Louvre, Paris.
142/143 Histoire naturelle, Le Pavé des Géants, planche de l'*Encyclopédie.*

TÉMOIGNAGES ET DOCUMENTS

146 L'*Encyclopédie* de Diderot et d'Alembert, cliché.
147 Tableau accompli de tous les arts libéraux, gravure par Savigny, 1587. Bibl. Nat. Paris.
148 Le café Procope en 1778, gravure, XVIIIe s. Idem.
149 Fontenelle, La Motte et Saurin chez Mme de Tencin, peinture de Jacques Autreau. Versailles.
151 Le Grand Café d'Alexandre, gravure colorée. Bibl. Nat., Paris.
153 Repas de nos philosophes, eau-forte, 1780. Idem.
154 *Description des arts et métiers,* l'art du teinturier. Musée Carnavalet, Paris.
155 Lettre « C » dans l'*Encyclopédie.* Musée des Arts décoratifs, Paris.
156/157 Intérieur d'un café, gravure, 1763. Bibl. Nat., Paris.
158 Allégorie contre les Jésuites, gravure. Idem.
159 « Combat monacal », gravure, XVIIIe s. Musée Carnavalet, Paris.
160 Moines faisant bombance, gravure, XVIIIe s. Bibl. des Arts décoratifs, Paris.
162/167 Planches de la Description des Arts et Métiers. Bibl. Nat., Paris.
168 Planche de l'*Encyclopédie.*
169 Atelier de graveurs, gravure française, XVIIIe s. Coll. part.
170/171 Atelier de dessin, gravure de C.N. Cochin. Bibl. Nat., Paris.
172 Librairie XVIIIe s. Idem.
173 Planche de l'*Encyclopédie,* l'art de la papeterie.
175 Portrait de Diderot, dessin rehaussé, cliché de Selva.
177 Un lecteur, cuivre de David Teniers, XVIIe s. Bibl. Nat., Paris.
178 Les amateurs de livres, gravure, XVIIIe s. Bibl. des Arts décoratifs, Paris.
180 Frontispice d'une édition des œuvres de Voltaire publiée à Oxford.
181 Portrait de d'Alembert avec instruments. Coll. privée.
182 Diderot et Catherine II de Russie, gravure. Bibl. Nat., Paris.
184 Le donjon de Vincennes, gravure. Idem.
185 Le génie de Voltaire et Rousseau, gravure. Idem.
186/188 Planche de l'*Encyclopédie.*
190 Assemblée maçonnique, gravure rehaussée, XVIIIe s. Musée du Grand Orient, Paris.
191 Un libraire au XVIIIe s., gravure Gravelot. Bibl. Nat., Paris.
192 Cérémonies et coutumes religieuses de tous les peuples du monde, gravure, 1723. Idem.
195 Le triomphe de la religion, placard à propos de la condamnation de l'abbé de Prades, 1752. Idem.
196 La bibliothèque Sainte-Geneviève en 1773, gravure. Idem.
198 Le crime puni, allégorie contre les jésuites, gravure, 1762. Idem.
201 L'histoire, gravure d'après Gravelot. Bibliothèque des Arts décoratifs, Paris.
202/207 Planches de la Description de l'Egypte.
208 Pierre Larousse, peinture, XIXe s. Bibl. Nat., Paris.
210 Lettre « A », Grand Larousse, 1re édition, 1866. Bibl. des Arts décoratifs, Paris.
213 Encyclopedia Universalis, cliché. Coll. part.
214 C.D. ROM, cliché. Coll. part.

INDEX

A-B

R-S-T

V-W-Y

CRÉDITS PHOTOGRAPHIQUES

Artephot 208. Bibliothèque de l'Institut de France, Paris, clichés Pierre Pitrou 13, 38, 40-41, 114h, 114m, 114b. Bibliothèque Nationale, Paris 14, 16, 19, 20, 20-21, 21h, 22h, 22b, 23, 25h, 26, 28-29, 33, 36, 37g, 37d, 42, 50, 55g, 61, 64-65, 67, 68-69h, 74-75, 97h, 102-103, 104g, 106b, 108g, 108d, 110b, 111, 113, 115h, 117, 136-137, 139g, 140, 151, 153, 158, 162, 163, 164, 165, 166, 167. Bulloz, Paris 52-53, 122, 124h. Charmet, Paris 24h, 30, 30-31, 38-39, 56, 63b, 84-85, 100, 104-105, 128-129, 129d, 159, 160, 210. Dagli-Orti, Paris 15hg, 15bg, 52-53, 84-85, 100, 104-105, 128-129, 129. Droits réservés 87, 136g, 202, 203, 204, 205, 206, 207, 213, 214. Ecole nationale des ponts et chaussées, Paris, clichés Pierre Pitrou 34, 66g, 80h, 80bd, 80bg, 82, 90h, 91h, 92-93. Ecole nationale des beaux-arts, Paris 106-107. Edimédia, Paris 62, 63h, 124-125, 132-133. Explorer-Archives, Paris 32, 107b. Explorer-Archives/Desmarteau, Paris 101, 108-109. Giraudon, Paris 25. Lauros-Giraudon, Paris 58, 66d, 138. Musée Carnavalet, Paris 58-59, 86h, 86b, 112. Musée des Arts décoratifs, Paris 72, 73, 115m. Musée des Beaux-Arts de Dijon 78 79. Musée des Beaux-Arts de Valenciennes/N. Piriou 57d. Musée du Grand Orient 190. Musée national des Techniques, CNAM, Paris 76, 77h, 77m, 77b. Réunion des Musées Nationaux, Paris 15d, 39b, 51, 55d, 88h, 88b, 110h, 131, 139d. Roger-Viollet, Paris 60, 138. De Selva-Tapabor, Paris 35.

COLLABORATEURS EXTÉRIEURS

Corinne Leveuf a réalisé la maquette du corpus de cet ouvrage. Sylvie Sass a fait celle des Témoignages et Documents. Diane d'Ormesson a effectué la recherche iconographique. Béatrice Peyret-Vignals a assuré la lecture-révision. Les planches de l'*Encyclopédie* ont été mises en couleurs par Concetta Forgia.

REMERCIEMENTS

Nous remercions Madeleine Pinault, conservateur au cabinet de Dessins du Louvre, pour ses précieuses indications sur l'iconographie des planches de *l'Encyclopédie.*

Table des matières

h
e
g
a
d
b
c
a